数智化人才管理

组织与人才效能提升指南

李曙光　薛晓峰　著

中华工商联合出版社

图书在版编目（CIP）数据

数智化人才管理：组织与人才效能提升指南 / 李曙光，薛晓峰著 . — 北京：中华工商联合出版社，2023.9
ISBN 978-7-5158-3739-0

Ⅰ.①数… Ⅱ.①李… ②薛… Ⅲ.①人才管理—指南 Ⅳ.① C962-62

中国国家版本馆 CIP 数据核字（2023）第 152083 号

数智化人才管理：组织与人才效能提升指南

作　者：	李曙光　薛晓峰
出 品 人：	刘　刚
责任编辑：	吴建新
装帧设计：	智　画·王桂花
责任审读：	付德华
责任印制：	迈致红
出版发行：	中华工商联合出版社有限责任公司
印　刷：	北京毅峰迅捷印刷有限公司
版　次：	2023 年 9 月第 1 版
印　次：	2023 年 9 月第 1 次印刷
开　本：	710mm×1000mm　1/16
字　数：	200 千字
印　张：	14
书　号：	ISBN 978-7-5158-3739-0
定　价：	68.00 元

服务热线：010-58301130-0（前台）
销售热线：010-58301132（发行部）
　　　　　010-58302977（网络部）
　　　　　010-58302837（馆配部）
　　　　　010-58302813（团购部）
地址邮编：北京市西城区西环广场 A 座
　　　　　19-20 层，100044
http://www.chgslcbs.cn
投稿热线：010-58302907（总编室）
投稿邮箱：1621239583@qq.com

工商联版图书
版权所有　侵权必究

凡本社图书出现印装质量问题，请与印务部联系。
联系电话：010-58302915

序言

时至今日，放眼世界，数智化浪潮席卷全球，政府部门、企业组织，均从各自视角提出了数智化建设的阶段性战略目标。"所有行业都值得用数智化重新做一遍"的呼声不绝于耳。数智化转型已成为各大公司支撑战略转型的必由之路。相关数据显示，全球1000强企业中的67%、中国1000强企业中的50%都会把数智化转型作为企业的战略核心。

毫无疑问，数智技术的应用将重塑产业价值链和行业竞争格局。

对企业而言，现在需要考虑的问题不是做不做数智化转型，而是如何规划合理的数智化转型战略，并确保卓有成效地落地实施，逐步实现"业务数据化、数据自动化、系统智能化"的转型三部曲。这种转型也必然将付出巨大成本。在众说纷纭的观点中，我们需要慧眼来去伪存真，直达本质。

科技迭代推动社会各领域的快速变革，数智化转型已成为企业战略的共识，而人才管理的数智化则是企业数智化转型的内核，无论是数智化转型的中台搭建、组织变革，还是数智化人才队伍的筹建，一系列举措都在提醒我们：人力资源部门不应是企业数智化转型被动的参与者，HR需要借助这股技术浪潮在思维和认知层面进行一场变革，这场变革并不是追求酷炫的技术，也不是习得更为精尖的技能，更不是自废武功去另起炉灶，而是追本溯源，借助技术浪潮，打好升华组织能力这场转型战役。

在落地举措上，首先，要做的是采集有效数据，比如组织氛围的数据、敬业度及满意度数据、人才能力及潜力数据、绩效数据、领导行为量化数据、行业对标数据等。其次，要将这些数据建模，采用相关分析，比如交叉分析、回归分析、对比分析等方法，进行更深入的人才管理洞察，最终通过数据分析，发现经验不能触达的部分，得出更具前瞻性的人才管理建议和更科学的人才管理决策。

简而言之，数智化人才管理是应用数智化技术，从组织发展视角出发，在人才标准、人才评价、人才培养和人才发展等方面系统化地对人才进行深刻洞察，并以此为基础对人才进行科学的选、用、育、留和风险控制，最终实现提升组织和人才效能的目标。

本书对数智化人才管理话题的分析主要以企业组织为载体，关注的核心议题是：如何通过人才管理与数智化的技术融合提升组织效能？秉持的理念是：人才是数智时代助燃企业转型的驱动力，唯有激发人才自身的创造力和智慧，才能与技术相得益彰，推动变革的发生。

我们希望通过本书帮助读者从整体上对数智化人才管理的核心问题形成一个框架性认识。读完本书，当人们在聊起数智化人才管理的话题时，如果你能够较为清晰地分辨出谈论的是数智化人才管理的哪类问题，它处于数智化人才管理坐标系的哪个位置，对应的有哪些解决思路和方法，我们便感到由衷的欣慰。

本书分为理念篇和实践篇两大篇。

理念篇围绕"4-F框架"的知识脉络展开论述，从理念上打通数智化人才管理的内在逻辑。共四部分内容，第一部分为数智化人才管理的核心理念，包括数智化人才管理全景图及价值的描述；第二部分为数智化人才管理的两大形态，针对个人视角的"数据孪生"系统和组织视角的"智慧才报"系统进行详细阐述，对应"4-F框架"的决策层；第三部分为数智化人才管理的三根支柱，重点阐述数智化浪潮的三大"新基建"：数据、BI和IT系统，对应"4-F框架"的技术层；第四部分为数智化人才管理四步流程，对应"4-F框架"的工具层和应用层。

实践篇介绍了数智化人才管理平台搭建的实操过程和实践案例，希望对各组织因地制宜搭建自己的敏捷版或全模块版的数智化人才管理系统有所启发和借鉴意义。

企业竞争和发展已进入下半场，相较于上半场的规模制胜，下半场则追求高质量发展。谁能抓住下半场的机遇，实现高质量发展，谁就能在新一轮经济发展大潮中脱颖而出。数智化转型正在成为高质量发展的第一推动力。在这一轮数智化转型的浪潮中，跟风的和清醒的都有，但后者是少数，他们会更早抵达彼岸，会成为行业引领者。数智化人才管理并不是光加载一个BI界面就能达到预期的效果，而是需要打通组织和人才供需两侧，实现整体提效。这需要企业进行长期投入，这种长期主义的蓝海战略，有多少企业会坚持呢？

在这个充满不确定性的时代，再大的企业都不能摆脱"一夜倾覆"的阴影。更何况是依附组织而生的部门，砍掉传统型人力资源部门的呼声一浪高过一浪，这已然证明：创造价值是当务之急。只有那些具备较强数智化能力，用"数据"和"智能"武装起来的"韧性"组织，才能在未来发展道路上稳步前行，向远而生。

数智化这个"长期主义"的赛道上，我们一起同行。

目录
CONTENTS

第一部分　数智化人才管理核心理念 / 1

第 1 章　究竟什么是数智化人才管理？ / 3
三大价值 / 4

三大差异 / 6

数智化人才管理全景图 / 9

数智化人才管理顶层设计：4-F 框架 / 10

第二部分　数智化人才管理两大形态（决策层） / 13

第 2 章　数字孪生——打破物理世界与数字世界的隔阂 / 15
"七力花瓣模型"立体透视人才画像 / 16

数字孪生系统的全景决策应用 / 20

第 3 章　智慧才报——像看财务报表一样看人才报表 / 23
财报与才报 / 24

智慧才报透视人才管理 / 29

数智时代的人才管理经营逻辑 / 35

第三部分　数智化人才管理三根支柱（技术层）/ 41

第4章　数据 / 43

人才数据分析成为管理新时尚 / 44

HR 如何借助好大数据这股东风？ / 50

第5章　HR-BI / 72

数据很多，信息却很少 / 72

打破僵局的 HR-BI / 74

HR-BI 实现：两个基础、三层框架和四步流程 / 76

第6章　数智化 IT 系统 / 93

HR 系统架构师的三大理念和三大原则 / 94

了解你的技术 / 99

第四部分　数智化人才管理四步流程（工具层和应用层）/ 109

第7章　组织诊断——数据让你的组织更有温度 / 111

组织发展的进程 / 112

组织温度的数据来源 / 119

第8章　定义人才——数字勾勒人才画像 / 129

人才强企，标准先行 / 129

数智时代的人才管理坐标 / 131

目录

敏捷定义新人才 / 136

第 9 章 全面评价——数智化人才评价，洞见人才价值 / 139
个人、组织分别需要什么样的评价？ / 139

人才评价的数智应用升级 / 146

流动数据实现动态巡视 / 150

第 10 章 人才发展——数据驱动成长引擎 / 152
动态化：动态呈现发展轨迹 / 153

自主化：智能绘制学习旅程 / 155

精细化：数据实现精细评估 / 167

第五部分 实践示例 / 175

第 11 章 MVP 实践——以 L 集团数智化人才盘点为例 / 177
数智时代的 MVP 理念 / 177

L 集团的人才盘点需求 / 178

L 集团数智化人才盘点实施过程 / 179

结论：秉持 MVP 迭代思想，实现健康可持续发展 / 189

第 12 章 综合实践——以 T 集团为例 / 191
项目背景：T 集团简介及需求 / 191

整体着眼：T 集团的几项关键挑战 / 192

分步实施：T 集团数智化人才管理平台搭建五步法 / 197

长期延展：数智化人才管理永远没有"完工" / 209

第一部分
数智化人才管理核心理念

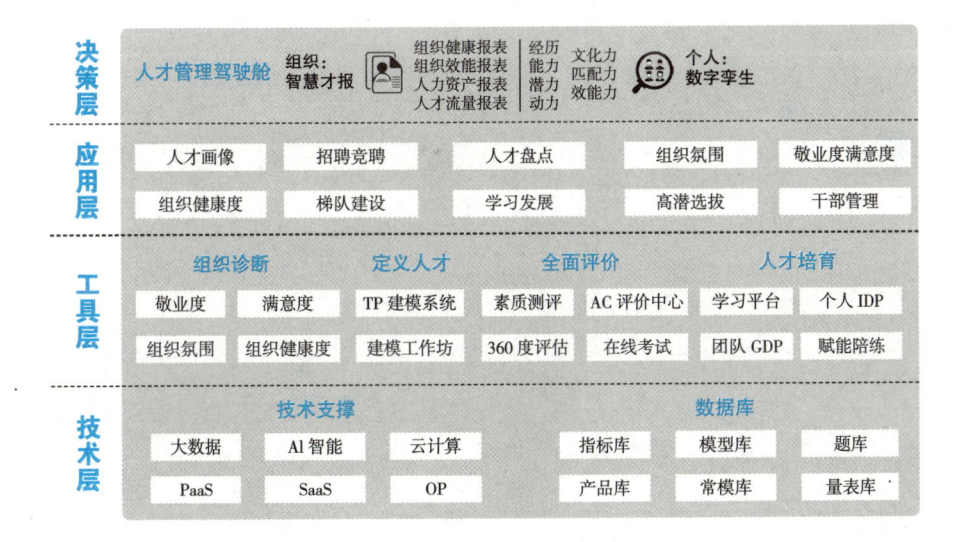

决策层	人才管理驾驶舱	组织：智慧才报	组织健康报表 组织效能报表 人力资产报表 人才流量报表	经历 能力 潜力 动力	文化力 匹配力 效能力	个人：数字孪生		
应用层	人才画像	招聘竞聘	人才盘点		组织氛围	敬业度满意度		
	组织健康度	梯队建设	学习发展		高潜选拔	干部管理		
工具层	组织诊断		定义人才		全面评价		人才培育	
	敬业度	满意度	TP建模系统	素质测评	AC评价中心	学习平台	个人IDP	
	组织氛围	组织健康度	建模工作坊	360度评估	在线考试	团队GDP	赋能陪练	
技术层		技术支撑			数据库			
	大数据	AI智能	云计算	指标库	模型库	题库		
	PaaS	SaaS	OP	产品库	常模库	量表库		

HR 数智化转型、EHR、DHR、DTM……这些词汇已成为近年来 HR 行业活动、论坛、人才峰会的高频词，不冠以这些热门标签似乎体现不出活动的价值。

人力资源从业者对于 EHR 的概念并不陌生，许多企业都有自己的人力资源管理系统。DTM（Digital and Intelligent Talent Management）的概念相对新颖，不可避免就有类似的困惑：

数智化人才管理系统中经常提到"人才大数据分析决策"到底是什么样的人才大数据？怎么进行分析和决策？

已经有了 EHR 平台，还是否需要数智化人才管理系统？是不是在原有 EHR 系统上加入人才盘点、360 度测评等人才管理的应用内容，进行功能完善就升级为数智化人才管理系统了？

针对以上种种问题，我们来一探究竟。

第 1 章

究竟什么是数智化人才管理？

数智化人才管理是指将人才管理业务融入企业运行生态，与企业数智化转型形成交互配合，其核心价值在于盘活人才管理中的各项数据，重塑管理与业务流程，达成提升组织与人才效能的效果。受数字经济、人口老龄化等社会因素，以及云计算等技术因素驱动影响，数智化人才管理将加速发展渗透。

建立人才大数据治理体系，是形成数智化人才管理最基础、最关键、最核心的前提，具体而言包括四项工作：一是建立人才数据业务模型，确定人才数据类型和数据指标；二是明确人才数据来源，建立或重构基于数据管控的人才管理体系；三是建立人才数据管理模型，明确人才数据应用方向和模式；四是建立人才数据应用模型，构建基于数据分析的应用场景。

人力资源领域天然带有大数据基因，数智化人才管理不是创造，而是传承和迭代。回溯早期的人事管理，我们会发现，人力资源领域一贯注重人事类各种档案、信息、数字的管理，例如考勤、工龄、司龄、薪酬、奖金、绩效、360度评估以及荣誉表彰次数等，同时也可以将学历、职位序列、岗位价值等信息转化为初级数字用于计算。数智化人才管理系统会帮助HR部门为组织带来增量价值，其实质是因时因地做出智能的人才管理决策，为企业战略、业务和经营持续提供人才梯队支撑，获取、发展以及留存所需的人才。

面对数智化转型，HR部门不要错误地认为这是一项全新的任务。数智化人才管理是对现有人力资源管理体系的一次技术性升级迭代，是HR自身大数据基因的持续进化。人力资源管理者完全可以充满信心，迎接并拥抱这个时代变化所带来的新挑战。

三大价值

很多企业虽然已经具备了人才管理大数据的原始累积基础，也正在致力于数智化人才管理平台的搭建，但受困于人力资源流程性事务，人才数据孤立无连接，无法提供场景预测，在进行宏观层面的人才和组织决策时，交叉分析的维度不系统，无法产生洞察性输出。简而言之，底层数据标签不明确，无法进行诊断和预判。如果你还在为人才管理而烦恼，那么，非常有必要认识数智化人才管理的三大价值。

价值一：打破数据孤岛，盘活人才管理大数据

过去，企业的信息化更多的是以模块化的事务流为导向，人才数据停留在孤岛层面。虽然企业在进行人才盘点后收集了大量数据，但是数据之间并没有联系。组织决策与人才决策不能基于零散的数据，多维数据的关联与畅通是决策的关键。企业需要调用数据进行决策时，往往需要花费大量时间去综合处理数据。比如，当需要了解一个员工的贡献度时，需要将员工的各种数据，包括绩效、学习、考试、岗位匹配度、素质测评、360测评、敬业度、满意度等，整合在一起进行关联分析，才能做出更为全面的组织优化方案。

数智化人才管理依托系统平台和数据库，构建立体、直观、联动的大数据，打破数据孤岛，盘活人才管理大数据。具体体现在以下两个方面：

一是人才标签多元化。在大数据时代，人才画像标准的维度更加多元且可标签化，经验信息代表人才的过去，能力和绩效数据代表人才的现在，态度价值观的数据代表人才的未来。在基于多维度的人才画像标准框架上，构

建起丰富的组织标签与人才标签后，不断地收集数据，丰富数据，更新数据，在此过程中强化持续一贯的人才标准。

二是获得人才数据的来源具有多元整合性。既有评价中心对于能力的主观评估，也有绩效、表彰、荣誉、成果、工作行为等客观数据，而且完成了全过程、多类型、非结构化数据的采集，实现从结果静态化转向过程动态化，为组织提供人才结构、数量、质量匹配度、人才梯队完备度，以及关键人才与业务适配度等决策依据。

价值二：BI可视化，搭建智能决策驾驶舱

BI可视化，指的是形成个人和组织两种可视化视角，支撑组织和个人做出具有前瞻性的决策。BI可视化就像智能驾驶舱。

首先，个人视角。个人视角页面综合了员工的个人信息、人才发展轨迹、岗位胜任度、个人测评数据、潜力评估、绩效数据等，在进行交叉分析后形成人才画像。通过个人看板中的数据信息，就可以清晰地刻画出一个员工的形象，实现"数字孪生"。当企业想要迅速了解某个员工时，只需要将员工个人界面调出，就可以立体地了解其全方面的信息。

其次，组织视角。组织视角页面可以清晰地看到整个组织的继任地图，一目了然地了解企业现有人才梯队情况。同时，对于人才比对，部门、组织层面的人才落位，组织界面都可以形成清晰的透视，大大提高了企业人才决策的准确率与效率。

过去我们对人才管理系统存在一个误区，认为系统管理者账号就是HR部门或大数据系统立项团队使用的，而忽略了为企业各级管理者们定制人才管理的使用界面。对于管理者而言，人才管理绝不是切片式的，也不是几个割裂的填表任务。管理者的人才界面，应以组织结构图的形式，实时全面地呈现团队人才动态，并且向管理者发出招聘、选拔、培养、激励、挽留的管

理动作需求清单，帮助管理者建立人才管理日志以及全年大事记。这就是大数据及 AI 分析与决策为管理者提供的具体而实在的价值。与过去复杂的线下人才管理方式相比，数智化人才管理通过人工智能、大数据、云计算等数智技术，能够实现快速抓取人才数据，多维度交叉分析，从而帮助组织形成实时、立体、全面的人才评价看板，即时查看，及时反馈，提升管理效率，从个人、组织、决策等多个角度形成人才管理驾驶舱智能决策系统。

价值三：全息诊断，实时动态预警

数智化人才管理系统支持用户自主选择关心的数据指标，并基于自身管理需求设置属于自己的"预警线"，一旦指标达到预警值，用户将在移动端收到异常数据消息提醒，实现及时管理预警。预警类指标可围绕关键人才异动情况、组织健康度、薪酬人事预警、人力成本预警、绩效预警等角度进行设置，提醒管理者关注风险，并提供相关方案建议。例如，A 公司 HR 团队发现，新一年刚上班不久的二三月份，某一员工群体的离职率出现异常，相比往年提前出现波动。该公司 HR 团队立即进行专题分析，包括企业内部因素、竞争对手情况、劳动力市场趋势等维度的分析，在业务端发现问题前提供问题的原因分析，提醒管理者关注风险，并提供相关方案建议，以便业务部门能够更快速地做出响应，进行调整。这就是全息诊断，实时动态预警机制带来的价值。

三大差异

综上，我们清晰地了解了数智化人才管理带来改变的同时，也带给我们新的思考：

传统人才管理与数智化人才管理在具体应用上，到底有什么区别？

第 1 章
究竟什么是数智化人才管理？

我们梳理、总结出三大明显的差异，分别是碎片化与完整性、主观性与客观性、滞后性与前瞻性（如图 1-1 所示）。

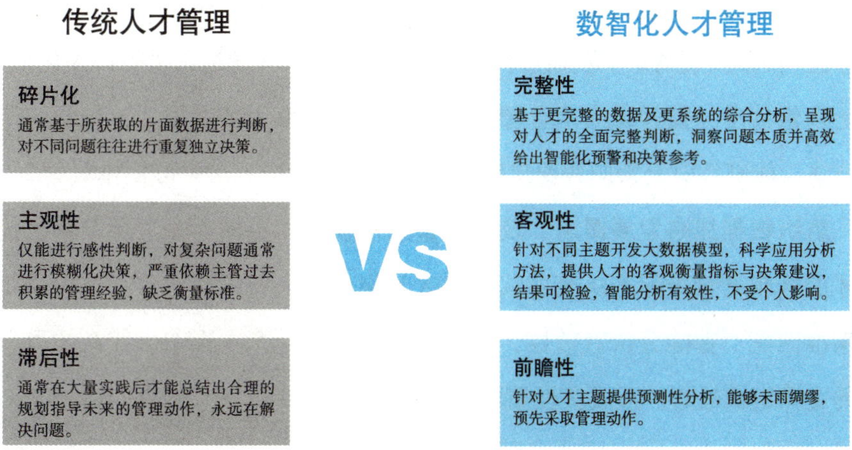

传统人才管理

碎片化
通常基于所获取的片面数据进行判断，对不同问题往往进行重复独立决策。

主观性
仅能进行感性判断，对复杂问题通常进行模糊化决策，严重依赖主管过去积累的管理经验，缺乏衡量标准。

滞后性
通常在大量实践后才能总结出合理的规划指导未来的管理动作，永远在解决问题。

VS

数智化人才管理

完整性
基于更完整的数据及更系统的综合分析，呈现对人才的全面完整判断，洞察问题本质并高效给出智能化预警和决策参考。

客观性
针对不同主题开发大数据模型，科学应用分析方法，提供人才的客观衡量指标与决策建议，结果可检验，智能分析有效性，不受个人影响。

前瞻性
针对人才主题提供预测性分析，能够未雨绸缪，预先采取管理动作。

图 1-1　传统人才管理对比数智化人才管理

差异一：碎片化与完整性

传统的管理决策往往只能依赖于少量孤立的数据结果，通常基于所获取的片面数据进行判断，对不同问题往往进行重复独立决策，而如果选择传统线下咨询则意味着巨大的人力与财力投入。提升效能是信息时代和数智时代的共同追求。进入数智时代，需要借助人工智能技术，让平台能像人类一样去思考。信息时代解放的是人类的双手，而数智时代解放的是人类的大脑，实现从自动化转向智能化。基于更完整的数据及更系统的综合分析，呈现对人才的全面完整判断，洞察问题本质并高效给出智能化预警和决策参考。

7

差异二：主观性与客观性

不同经验背景的主管对同一问题会有不同判断，管理动作通常基于个人判断做出。对人才的判断与管理动作的选择实施严重依赖主管过去积累的管理经验。很多决策场景下仅能进行感性判断，对复杂问题通常进行模糊化决策，缺乏衡量标准。数智化人才管理针对不同主题开发大数据模型，科学应用分析方法，能够针对复杂问题给出明确的智能分析指标、结果可量化对标。

组织根据战略发展需求，及时调整人才模型，根据人才盘点结果，提供人才的客观衡量指标与决策建议，将人与岗位、人与团队、人与组织进行高度精准匹配，智能分析有效性，结果可检验，不受个人影响。使人才可以更好的支撑组织战略，形成良性循环。

差异三：滞后性与前瞻性

以往的人才管理的数据获取困难，频率往往是一年一次，由此产生的人才管理决策严重滞后于企业战略发展的需要。通常在大量实践后才能总结出合理的规划指导未来的管理动作，永远在解决问题。信息时代业务在线化主要处理的是静态数据和结构化数据，而数智时代通过节点级增强型管控，完成全过程、多类型、非结构化数据的采集，实现从结果静态化转向过程动态化。针对人才主题提供预测性分析，能够未雨绸缪，预先采取管理动作。区别过去复杂的线下人才管理方式，通过人工智能、大数据、云计算等技术，打通不同系统数据，实现快速抓取人才数据，并进行对比分析、交叉分析，形成人才、组织、决策者视角看板，通过管理看板及时查看、洞察、反馈人才和组织问题，帮助企业快速做出人才决策，提升管理效率。

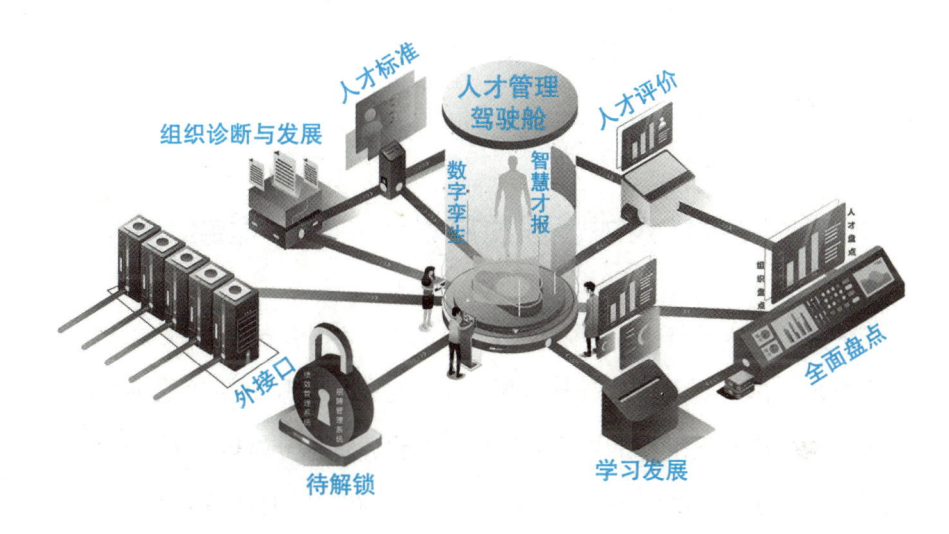

第 1 章
究竟什么是数智化人才管理？

数智化人才管理全景图

基于以上分析，我们认为数智化人才管理的转型升级，绝对不是新瓶装旧酒，新瓶要装新酒。新酒就是全新的数智化时代的思维方式和认知，是基于数字的、连接的、交互的、开放合作的生态思维。可以说，传统的人才管理这一职能，即使尚未达到危机状态，也已经处在了战略拐点上。

我们提出数智化人才管理的全景图（如图 1-2 所示）：

图 1-2 数智化人才管理全景图

数智化人才管理平台并非替代 EHR、HCM 系统，而是从数智化的角度进行升级和演变。数智化人才管理平台搜集数据，产生数据，并对数据进行挖掘、清洗、建模、分析。通过人才管理方面的数据来发现问题，分析问题，解决问题，进而实现见现状，明因果，知未来。而这些，在 EHR 系统、招聘系统、绩效管理等系统上是很难实现的。具体而言，数智化人才管理平台通过组织诊断与发展系统、人才画像系统、人才评价系统、全面盘点系统、学习发展系统，以及其他外接子系统，将人才管理数据最终汇聚至人才管理驾驶舱系统。帮助企业搜集关于人才的综合数据，尤其是预测性数据，打通"组织发展—定义人才—全面评价—人才培育—人才驾驶舱"的数智化人才管理全流程应用，搭建起驾驶舱智能决策体系，实现人才管理效能及组织效能的双向提升。

很多企业虽然已经具备了人才管理大数据的原始累积基础，也正在致力于数智化人才管理平台的搭建，但受困于人力资源流程性事务，人才数据孤立无连接，无法提供场景预测，在进行宏观层面的人才和组织决策时，交叉分析的维度不系统，无法产生洞察性的输出。简而言之，底层数据标签不明确，无法进行诊断和预判。针对这些人才管理的痛点，数智化人才管理可以在以下三个方面打胜仗，运用大数据、AI、系统平台等新技术武器高效解决人才管理难题，实现价值。

数智化人才管理顶层设计：4-F 框架

作为数智化人才管理全景图的落地工具，"4-F 框架"的顶层设计和内在逻辑机理，由下到上依次为技术层、工具层、应用层和决策层（如图 1-3 所示）。围绕技术重组、工具连接、场景优化、智慧分析等系列工作展开整体规划设计，分别构建起"技术、工具、场景、智慧"的全系统服务支撑。

技术层

技术层包括两个部分：一是技术支撑，即大数据、人工智能以及云计算等核心技术，以及 PaaS 和 SaaS 系统平台；另一部分是数据库，包括人才的各种指标库、模型库、题库、常模库、量表库等大数据库。这两个部分共同夯实底层基座，是数智化人才管理的基础建设。

第 1 章
究竟什么是数智化人才管理？

决策层	人才管理驾驶舱	组织：智慧才报	组织健康报表 组织效能报表 人力资产报表 人才流量报表	经历 能力 潜力 动力	文化力 匹配力 效能力	个人：数字孪生
应用层	人才画像 组织健康度	招聘竞聘 梯队建设	人才盘点 学习发展		组织氛围 高潜选拔	敬业度满意度 干部管理
工具层	组织诊断 敬业度 组织氛围	定义人才 满意度 组织健康度	全面评价 TP建模系统 建模工作坊	素质测评 360度评估	AC评价中心 在线考试	人才培育 学习平台 团队GDP	个人IDP 赋能陪练
技术层	技术支撑 大数据 PaaS	AI智能 SaaS	云计算 OP	数据库 指标库 产品库	模型库 常模库	题库 量表库

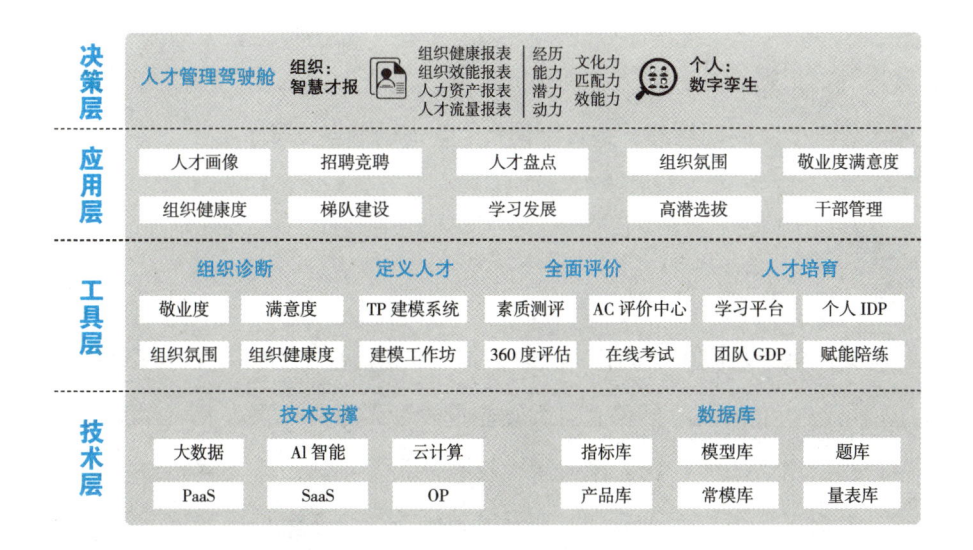

图1-3 数智化人才管理"4-F框架"

工具层

技术如何转化成可使用的手段呢？这需要组织诊断、定义人才、全面评价和人才培育四个方面系列人才管理工具，包括但不限于：敬业度满意度调研系统、组织氛围调研系统、组织健康度诊断系统、TP建模系统、素质测评系统、360度评估系统、AC评价中心系统、在线考试系统、学习平台系统、团队GDP系统、个人IDP系统等。所有工具研发出来形成了工具层后，再基于不同工具主题的数据驱动，实现人才、部门、组织之间的各种连接，是数智化人才管理的服务支撑。

应用层

切实解决人才管理痛点是管理者们更为关心的问题。应用层即将工具层付诸实施，实现人才管理的多场景应用，如人才画像、招聘竞聘、人才盘点、组织健康度提升、敬业度满意度改善、梯队建设、学习发展、高潜选拔、干部管理等。根据企业针对人才的不同需求，实现面向人才管理的典型应用，完成人才全生命周期管理，是数智化人才管理的业务支撑。

决策层

决策层汇聚了应用层的各种人才数据，形成企业自己的人才管理驾驶舱。组织视角包括组织健康报表、组织效能报表、人力资产报表和人才流动报表等多项关键组织人才指标，形成了"智慧才报"系统；个人视角包括经历、能力、潜力、动力、文化力、匹配力、效能力等多个维度的数据，立体呈现人才的全息画像，形成了"数字孪生"系统。两个视角有效驱动组织的人才管理决策，是数智化人才管理的战略支撑。在"4-F框架"模型中，技术层是基础，工具层是手段，应用层是路径，决策层是目的。各企业可结合"4-F框架"层层分解，逐步递进，提高人才管理效能，规划更具前瞻性的组织人才管理议题，逐步实现数据驱动人才管理决策，落地组织战略。

综上，我们对数智化人才管理有了概念性的认识。为了更好的便于读者阅读、理解和应用，从实操角度，我们对数智化人才管理的概念做了以下提炼：

- 数智化人才管理的两大形态（决策层）：分为个人视角的数字孪生和组织视角的智慧才报。
- 数智化人才管理的三根支柱（技术层）：数据、BI 和 IT 系统。
- 数智化人才管理的四步流程（工具层和应用层）：组织诊断、定义人才、全面评价、人才发展。

理念篇后续章节将以"4-F框架"内容的"决策层""技术层""工具层和应用层"为脉络，展开具体、翔实的阐述。

第二部分
数智化人才管理两大形态（决策层）

决策层	人才管理驾驶舱	组织：智慧才报	组织健康报表 组织效能报表 人力资产报表 人才流量报表	经历能力 潜力 动力	文化力 匹配力 效能力	个人：数字孪生		
应用层	人才画像	招聘竞聘		人才盘点		组织氛围		敬业度满意度
	组织健康度	梯队建设		学习发展		高潜选拔		干部管理
工具层	组织诊断		定义人才		全面评价		人才培育	
	敬业度	满意度	TP建模系统	素质测评	AC评价中心	学习平台		个人IDP
	组织氛围	组织健康度	建模工作坊	360度评估	在线考试	团队GDP		赋能陪练
技术层		技术支撑			数据库			
	大数据	AI智能	云计算	指标库		模型库		题库
	PaaS	SaaS	OP	产品库		常模库		量表库

当前，诸多人才管理面临的典型挑战是管理方法、思维方式还停留在人力资源管理职能角度，在战略目标与组织人员之间的联系、人才发展与提升、人才配置的科学性等方面探索不足。

数智化时代快速而又复杂的变化常态，需要以"数"来把握变化的根本和规律，掌握主动。更为关键的是，基于数据的分析是高度相关的，是启发和影响战略的重要证据，可以更深入地理解所面临的问题，对特定场景中问题的特定因果关系产生更为透彻的见解，发现存在的问题以及背后的原因，这就使人才管理的决策基于数据而不是传闻，由此改变了我们以往组织凭直觉做决策的习惯和文化。同样，组织需要这些数据和分析去驱动改变战略或战术的决策。

"4-F框架"的决策层，将人才管理的经营理念与大数据、人工智能等先进技术相结合，实现了针对人才数据的统计和可视化，推动模型建设和工具开发相结合，通过流程和数据驱动，打通底层业务数据逻辑，搭建全场景、全链条的"数字孪生"和"智慧才报"系统，实现人才管理的智慧决策。

第 2 章
数字孪生——打破物理世界与数字世界的隔阂

2021年，Facebook创始人兼首席执行官马克·扎克伯格将公司名称改为Meta，希望在未来用五年左右的时间，将Facebook打造为一家元宇宙公司，让元宇宙的概念进一步"火上浇油"。那么元宇宙是什么？1992年，美国著名科幻作家尼尔·斯蒂芬森推出了自己的小说《雪崩》，里面描述了一个平行于现实世界的网络世界，现实世界中的人在元宇宙中都有一个"网络分身"，这就是元宇宙概念的开始。

尽管现在众多公司提出关于元宇宙不同角度的描述，但是都有一个核心，就是需要一个具有沉浸感的虚拟"分身"。这个"分身"其实就是前些年已经火起来的"数字孪生"。

数字孪生，即通过构建物理实体与其数字虚拟之间精准映射，将物理世界的人才管理体系投射进数字世界，形成数字刻画的员工。简而言之，就是你拥有一个在数字系统里面的"双胞胎"，只是他（她）是以数据的形式存在，他（她）能够实现人才数据的精准虚拟刻画，助力组织按需及时锁定关键岗位的优质人才，做到实时、立体、直观、全面、敏捷、高效的人才画像确认和精准岗位匹配实现。你可以尽情想象，这个和你几乎一模一样的孪生兄弟或姐妹，在组织系统里的人才管理场景下会有多大的用武之地。

如今，数字孪生这一概念，已经迅速走出最早起源的制造业，应用到了智慧城市、智慧交通、智慧农业、智慧医疗、智能家居等行业,似乎成为各行各业实现数智化的灵丹妙药。在大数据、人工智能、数据挖掘等技术的不断融合与作用下,"员工数字画像"的深度刻画已经成为可能。我们将该概念应用到人才管理领域,将现实中的人才管理投射进数字世界,形成基于"数字孪生"的员工画像。结合近几年参与众多行业标杆的实践,更让我们坚信数字孪生是数智化人才管理这个赛道上极具代表性的发展形态。

"七力花瓣模型"立体透视人才画像

人才管理强调将人看作有个性的人才,而不是单纯的资源或资本。何为人才?对于企业来说,如何得知一个人是企业战略发展所需的关键人才,或是具备成长为优秀人才的可能性?依靠清晰而明确的人才标尺,可以使得这一判断变得简单。

那么如何找到这个时代的人才标尺?数智化时代给人才管理工作带来了什么启示和红利?首先,我们了解数字孪生中反复强调的"全息(Holography)"概念。

"全息"特指一种技术,可以使物体发射的衍射光能够被重现,其位置和大小同之前一模一样。从不同的位置观测此物体,其显示图像也会变化。因此,运用此种技术拍摄的照片是三维图像。1947年,英国物理学家Denise Gabor(1900–1979)发现全息光栅图技术,并因此获得1971年的诺贝尔物理学奖。"全息"一词的本意就是指全部信息,我们将其从光学领域迁移到人才管理领域,进一步明晰如何能够呈现全部人才的相同的信息,如何拍出关于人才的"三维照片"。

戴维·尤里奇教授在对世界各国优秀公司的研究中总结出一套行之有效的"人才菜单",并提出一个"新人才公式"来进行人才标准的定义。

新人才公式如下:

第 2 章
数字孪生——打破物理世界与数字世界的隔阂

人才（生产率 Productivity）= 能力（Competence）× 承诺（Commitment）× 贡献（Contribution）

- 能力：人才需要具备未来成功所需要的能力。要将正确的人在正确的时间放到正确的岗位，发挥其技能，并且确定人才的标准，进行评估、投资、整合。
- 承诺：能力强但是不愿做出承诺、不愿在工作上投入的人不能称为人才；投入高、工作努力但是能力欠缺的人经常会做错事，也不能称之为人才。企业需要制定员工的价值观标准，即"我获得什么，又能给予什么"。
- 贡献：指的是情感上的投入和承诺，即如何全身心地投入工作，给社会带来回报。人们在组织中做出贡献是因为能够创造意义。

新人才公式表明，人才不仅需要具备企业未来发展所需要的能力，还需要对于企业或者岗位有较高的承诺，愿意在工作上投入精力，能够为组织带来实际业绩贡献，并且创造价值。从这一视角来看，无论是能力素质模型还是任职资格都忽略了承诺和贡献这两项关键要素。无论一名员工的能力素质如何出色，如果不能持续投入并且做出业绩，就不应将其纳入人才范畴之中。

从传统人才管理的视角，在系统全面地呈现人才画像时，应当满足以下几个条件：

- 条件一：从组织和岗位两个视角进行考量，既考虑具体岗位对人才的要求，也考虑组织文化基因对人才的要求。
- 条件二：不盲目追求冰山下的能力素质，兼顾知识、技能、经验等显性特征，以及特质、价值观等隐性特质。
- 条件三：重视态度和业绩在人才标准中的价值，坚持以具备能力、愿意投入、做出贡献的标准来定义人才。
- 条件四：各项标准要有一定层次性，既能区分"能"或"不能"，也能鉴别"优秀"与"一般"。

结合以上条件，我们提出基于组织适配性和岗位匹配性的人才标准框架——"七力花瓣模型"：效能力、经历、能力、潜力、动力、文化力和匹配力（如图 2-1 所示）。

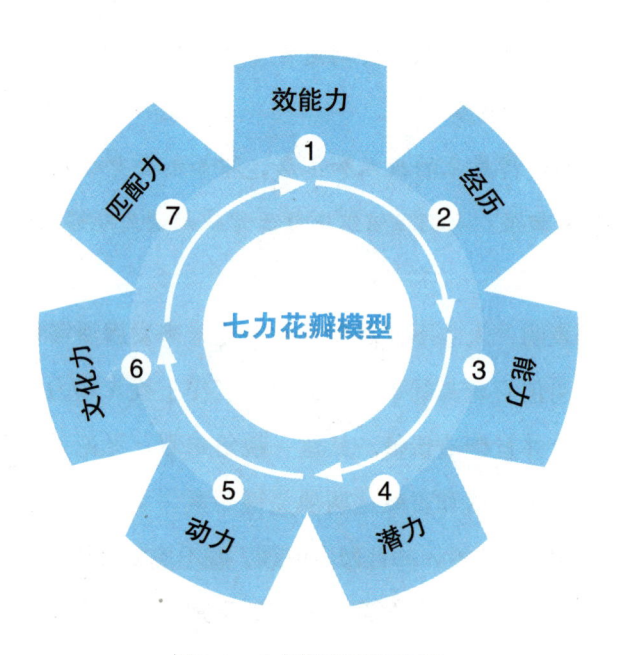

图 2-1　七力花瓣模型示意图

- 效能力：效能力顾名思义就是衡量一个人的效能，也就是一个人的投入和产出，在他身上投入了多少薪资和成本，得到了多少回报，绩效如何。
- 经历：分别从成长轨迹、管理幅度、项目经验、业务经验、管理经验、荣誉证书等方面来看。项目经验，很多企业也称之为关键战功、关键战役，在项目中担任什么角色，取得了什么成果；管理幅度单独来看并不具有任何意义，但结合绩效来看，就可以观察到不同管理幅度下员工的绩效情况，在后续的人才配置中就可以考虑如何实现绩效最大化。

- 能力：能力可从素质测评和360测评两个方面来看。通过素质测评，可以预测一个人未来的绩效好坏；通过360测评可以看到外显的行为表现，明确其在群体中的相对位置。
- 潜力：分别从管理潜力、领导风格、团队角色和职业锚四个方面衡量一个人潜力如何。管理潜力即向上发展的潜力高低，领导团队的风格什么样，在团队中倾向什么角色，以及职业生涯中始终坚持的方向。
- 动力：分别从工作价值观、动力需求、管理意愿、流动意愿来看一个人动力如何。工作价值观是一个人在工作中最看重哪些方面；动力需求即工作中的强需求是什么，中需求是什么，弱需求是什么，有针对性地进行激励；管理意愿，是否愿意管理团队，需要根据其自身意愿来定；流动意愿，是否愿意调动。
- 文化力：文化力又叫合力，就是一个人跟企业的合拍度，可以从所带团队的敬业度满意度水平、组织温度，以及个人与企业价值观的匹配程度来看一个人文化力如何。
- 匹配力：主要从个人与所在岗位的匹配度、个人与其他岗位的匹配度、个人所在岗位的继任情况、个人的九宫格落位四个方面来看。我们知道每个人都是人才，而只有放对了位置的人才能更好地发挥个人特质，明确了匹配情况，也才能为后续的人才管理提供建议。

"七力花瓣模型"是在能力素质模型和任职资格要求基础上的升级，同时有机结合能力、承诺与贡献，既系统全面又层层递进，兼顾显性特征与隐性特质，将现实世界与数字世界融合。从员工业务行为、自然行为等多维度感知员工行为数据信息，形成数字刻画员工孪生体，实现全息化的人才数据呈现，助力企业精准定义和识别高绩效人才。

有了这种贯穿一致的人才标准框架，就可以运用数字化手段，大大提升人员选拔与使用效率，助力团队协作和战略达成。"七力花瓣模型"有机衔接了"人才标签"与"人才画像"，轻松实现了利用"人才标签"检索"人才画像"。

一方面，企业可参照此框架构建人才标签体系，以员工编号为唯一标识，抓取基本属性、职业属性、行为属性、能力属性、成长属性、项目属性等全方位人才信息，建立企业自己的人才库。为用人单位的精准选人、高效盘点、人才培养都提供更加科学、客观且清晰的依据。

另一方面，围绕人才标签、人才盘点、绩效、人员信息和任职信息，全面追踪人才发展轨迹，多维标签标记人才质量，更全面了解人才。

通过已经标注的标签，进行人才检索。检索具备某些特质或某些项目经验的人才。人才搜索之后，检索出的人才便可以呈现出一个整体、立体的画像，通过人才画像，将涵盖人才标签、人才盘点、绩效评价、胜任力测评、工作经历、项目经历的关键要素内容做出整体展现。在搜索出符合条件的各项人才后，可进行人才对比，从而根据组织的不同业务场景，探索人才数据价值，帮助企业精准定位人才、识别人才、选拔人才。

数字孪生系统的全景决策应用

基于数字孪生技术的数智化人才管理，将决策管理与人力资源的量化分析相结合，以管理者视角进行系统搭建，将人才管理作为组织核心要素量化分析，聚焦战略目标与组织人员的联系，重在通过数字孪生体对员工战略落实的核心技能、岗位要求、个人业务行为与自然行为进行分析刻画，对战略目标达成、人员岗位匹配、员工行为进行预测，为管理决策提供数据支撑。通过对数据的处理、分析、提炼、推演关键信息，更直观、全面地形成基于现实预测未来的员工画像全貌，实现人事管理工作模式到人才管理全业务流程、全生命周期管理智能化模式转变。结合以下举措可以实现贯穿人才管理全流程的决策应用。

- 通过技术汇集人才全量数据（包括以年龄、专业经验、工作经历为代表的显性数据，以及以价值观、动机、个性特征为代表的隐性数据），进而提炼出能力、行为、性格等特征标签，将员工各种个人特征运用数字标签进行标注，从而形成数智化的人才信息档案，将人员信息立体地呈现为一份画像，并在员工的全职涯周期中，对其行为信息进行不断收集和更迭，实时地对人才画像进行动态调整。

- 通过绘制动态人才九宫格，分场景分级别对员工工作状态全面刻画，实时采集计划管理、考勤、流程、OA等系统数据。在九宫格中，如果工作强度高、活跃度低，说明员工压力可能比较大、工作有阻力。实时查看人才的工作状态，为人才职业生涯规划、绩效考核等工作提供量化评价依据。

- 通过对人才流动可视化跟踪，对后备人才库入库人员、外派挂职人员、拟离任人员（显示绩效）等特殊任职经历，提供可视化标记。通过数字挖掘与智能化数据分析，形成人才标签、人才画像、岗位画像，深入了解员工才能，甚至预见领导人才的发展路径。这将颠覆传统的继任模式，强调并非找人填补某个职位，而是为领导人才铺好路，充分发挥其领导才能，进一步增强他们的能力。

- 通过测评数据分析及AI精准匹配，提供针对个人及组织的候选人建议、培训建议、团队优化配置建议等。管理者也可以基于特定需求做人员筛选，一旦某个岗位出现了空缺，其补位和继任人选即可通过系统实现智能推送，数字孪生的技术优势会让"管理动力、流动意愿"等候选人的隐性需求全盘呈现，进行筛选和匹对，组织可以更精准有效地进行人员选拔与任用。

- 通过数智化手段集成整体数据并形成某一类岗位或某一支人才队伍当前的画像特征，能够帮助企业更加便捷高效地识别其与理想画像之间的差距，便于日常监测管理，进行有针对性地培养，为实时提供具有价值的人才决策奠定扎实的基础。
- 通过大数据建立人才流失预警红绿灯。管理者可通过对黄灯人员进行心理辅导、绩效谈话和岗位调整，避免黄灯人员的工作状态进一步恶化，避免发展为红灯人员，事先预警可有效应对人才流失。
- 通过结合员工工作表现和360度评价，构建绩效预测模型。应用角色轮盘图分析员工优势与劣势，结合能力评价信息、工作重点计划完成情况等数据，形成员工绩效考核结果预测，为员工绩效管理提供重要参考，实现个人效能最大化。

以上种种人才管理决策场景的前提均是：基于大数据分析与数据洞察，以及全面精准的人才画像。进而实现了重新定义人才数字化洞察，构建面向未来的组织画像和人才画像，实现管理价值和管理决策可视化，引领人才管理新思维。

拉姆·查兰与比尔·康纳狄全著的《人才管理大师》指出：不要通过一些含糊的陈词滥调或者机械的测评方法去评估人才，看一个人的行动、决策和行为，将这些指标与企业业绩有效联系起来，了解一个人的核心价值观、信念与才能。数字孪生技术有望实现这一理念。

第 3 章
智慧才报——像看财务报表一样看人才报表

数字孪生技术让数据和个人实现了强关联，在平台内通过数据既可以全息呈现现有的人才，又可以精准描绘出未来需要的人才。那么如何将数据和组织进行强关联？在个人的维度，我们强调数据的"全"；在组织的维度，我们则强调数据的"精"，也就是关键信息提炼，组织不缺信息，而是缺乏明确有效的决策和观点。

关键人才群体的数据可视化呈现可以让管理者们及时了解组织人才的动态、风险以及应对策略，同时围绕看板展示的关键人才信息进行决策研讨。作为既定的组织动作，月度汇报、检核、研讨、制定策略等一系列动作掷地有声地扎根到组织土壤，将形成组织内一致的人才管理范式。

那么什么才是理想的组织人才看板样式？看板上应该呈现哪些关键数据？我们从另一个组织关键职能——财务部门获得了启发。

在公司里用一大堆数据说话的往往是财务人员，根据数据制作出来的财务报表能够使人了解到公司整个年度的运营状况和财务状况，知道盈利多少亏损多少。财务工作为人力资源管理者至少带来两方面启发。

启发一：用数据思维去量化。

人力资源管理者习惯于用定性描述来体现工作任务的完成情况，和老板、直线经理以及员工沟通时很少有量化的内容、同比环比的数据等，因为无法量化说明问题，因而很难直观地用数据具体展现 HR 部门工作的价值，也不知如何展现自己的贡献，只能晒加班、晒辛苦，貌似很悲惨，这反而越发强化大家对于"HR是无法直接产生财务收益的后台部门"的印象，这应该说是人力资源管理者最大的伤心点。每天辛辛苦苦工作，老板感觉不到人力资源工作的价值，也不愿意在这上面进行更多的投入。这就很容易解释为什么HR部门想要约老板开会都很不容易。

我们不禁思考：HR部门是不是也应该用数据说话？是不是也应该有像财报一样的内容给出可量化的产出？

启发二：用经营视角去对话。

其实人力资源管理者手上有很多数据，不会应用数据，是因为不懂商业逻辑。财务部门通过"利润表、资产负债表、现金流量表"三张报表实现了对于企业整体经营状况的动态管理：利润表代表企业的能力如何，现金流量表代表企业的活力，资产负债表代表企业实力。财务报表作用很重要，既是管理人员的考核评价工具，也是做出管理决策的重要依据。

如果有类似于"财务报表"的"人才报表"就可以更好地进行内外部、上下级的对话，因为这个时候大家用共同的数据语言来沟通。这背后是从HR视角到业务视角、CEO视角的升维。

财报与才报

基于财务职能的两点启发，我们认为，智慧才报将是数智化人才管理的另一重要形态。利润表、资产负债表、现金流量表，这"三张表"是一个企业财务管理和动态管理的缩影，是CEO行军打仗的地图。结合财务"三张表"，在数智化人才管理的视角下，对应"人才资产、组织效能、管理运营"三个维度建立起"人才资产表、人才效能表、人才流量表"的人才管理报表体系，具体内容包括但不限于人力资产盘点、人才效能建设、人才供应链等方面，呈现企业人才管理和动态管理的缩影，以人才数据驱动决策，实现像看财务报表一样看人才报表（如图 3-1 所示）。当然，人才报表可以根据组织管理需要，以独立或合并形式呈现，当不同管理人员对报表的关注点不一样时，独立简洁的呈现更适合，让 CEO 们根据三张才报提供的人才信息为企业管理作出决策。

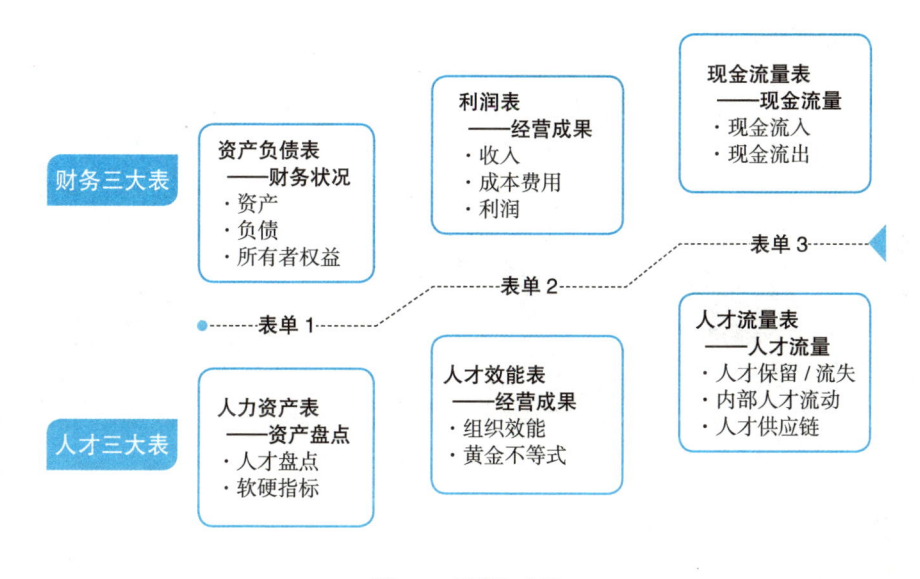

```
财务三大表
  资产负债表——财务状况：资产、负债、所有者权益（表单1）
  利润表——经营成果：收入、成本费用、利润（表单2）
  现金流量表——现金流量：现金流入、现金流出（表单3）

人才三大表
  人力资产表——资产盘点：人才盘点、软硬指标
  人才效能表——经营成果：组织效能、黄金不等式
  人才流量表——人才流量：人才保留/流失、内部人才流动、人才供应链
```

图 3-1　财报与才报

资产负债表 VS 人力资产表

资产负债表位于财务部"三表"之首，反映了企业的资产状况，企业有多少自有资金、多少外债，一目了然。如果企业陷入债务危机，资产负债表就会发出警示，那你就要立刻采取行动，找到根源，将危机解除。

人力资产表即对企业人才资本的盘点，内容既包括"人才结构状况（员工年龄、学历、职能、层级、绩效分布等）、人才梯队与继任状况、核心人才队伍状况"等硬性指标；也包括"人才密度、后备梯队充足率、总体岗位匹配度、组织氛围、敬业度或满意度"等软性指标。企业管理者和 HR 部门可以从全面系统的视角审视组织和人才现状，从"有没有、够不够、强不强"的维度识别各项人才问题，清晰地回答"我们是不是有一支数量充足、质量过硬、结构合理的人才队伍"这一议题（如图 3-2 所示）。

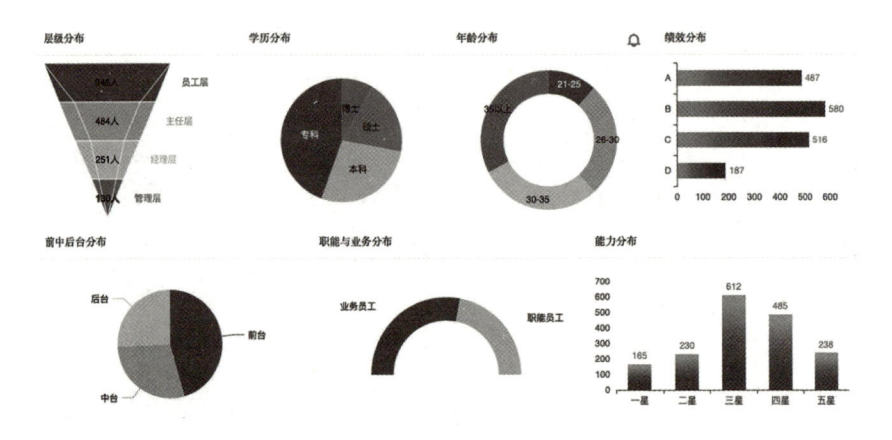

图 3-2　人力资产表之人才结构分析示意图

利润表 VS 人才效能表

利润表反映企业一定期间（如月度、季度、半年度或年度）生产经营的盈利或亏损，它全面呈现了企业在某一特定时期的各种收入、发生的各种费用、成本或支出，以及企业实现的利润或发生的亏损情况。

人力效能表对应企业的利润表，反映企业一定周期人力资本投入与产出的收益，针对人力成本进行分析，得出人均利润贡献；这份才报含金量极高，对于业务部门和老板来说也非常重要。效能报表可以从组织和个人两个视角对成本、收入、利润等方面进行建构，设置"总人工成本占比、人均收入、人均利润"等指标，从人力资本效能报表中，可以得出企业人力资本的投资总额、投资结构以及直接收益和间接收益等情况，进而分析得出人工成本含量及人均效益，了解人力资本的投资回报率（如图 3-3 所示）。

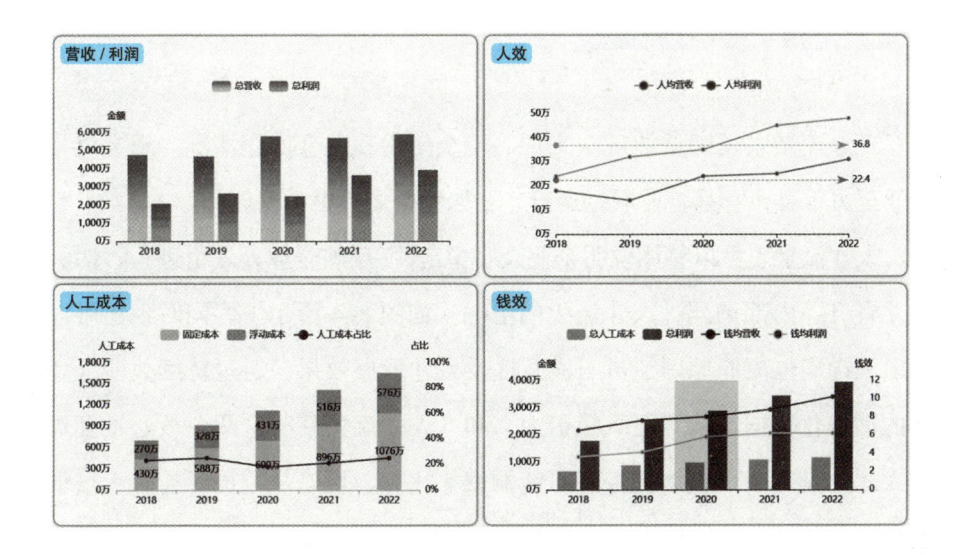

图 3-3　人才效能表示意图

以上的数据分析都属于静态分析，即一个组织在某一个时间节点上的人力资源效能表现。静态的视角是当下的视角，是一个点的状态。但世界是发展的，组织是动态的系统，市场是动态的系统，相较而言，动态的视角是长远的视角，是一个过程的状态。因此我们还需要用动态的思维去看变化速度之间的比较，到底哪个速度发展更快，是我们的人力资源成本的增长速度快，还是利润增长速度快。

这部分分析需要与"营收增长率、成本增长率、成本控制率、净利润率、利润增长率、总资产周转率"等财务数据指标联动，有了这些基础指标数据后，就可以了解人员动态怎样影响财务平衡，找准人力资源的切入点，提炼、评价组织人效动态的指标，展开效能的设计和优化工作。

过去大家更多强调"多、快、好、省"，希望少花钱多办事、办更多的事。人才效能表实时反映企业战斗力，指导企业提升人才投产比，提醒我们要强调价值输出，更强调投资回报率。无论业务体系还是职能体系，投资回报率是最值得重视的。HR 从业者也应将思路转变到价值输出层面。

现金流量表 VS 人才流量表

现金流量表反映企业现金来源、现金使用和现金库存情况。现金流量对企业至关重要，它是企业顺畅运行、获取竞争力的根本保证。

人才流量表可以整体说明企业人才稳定性，反映企业人才引进、人才保留、人才晋升、内部调配、人才流失的情况（如图3-4所示）。同时，还可以识别出关键岗位离职原因、员工满意度及人才发展效果，通过持续关注人才流动的动态化数据，从"组织吸引力"和"人才流失率"这两个核心维度对企业人才流量有一个整体把控和系统洞察。比如，可以从"员工需求、培训开发和企业文化"三个因素切入，分析其对于人才变化的影响性；通过分职系、分离职原因、分入职年限，设置"中长期员工占员工总数的比例、员工平均服务期、员工流失率、员工自愿流失率、关键岗位员工流失率、高绩效员工流失率、核心人才保留率、战略性人才储备完成率、关键岗位继任计划覆盖率"等系列指标，展开企业人才流失情况分析，识别出关键影响因素，进而打造企业内外部人才供应链，让企业人才在稳定支撑企业发展的同时，能够持续激发企业活力，驱动优质人才高效迭代。

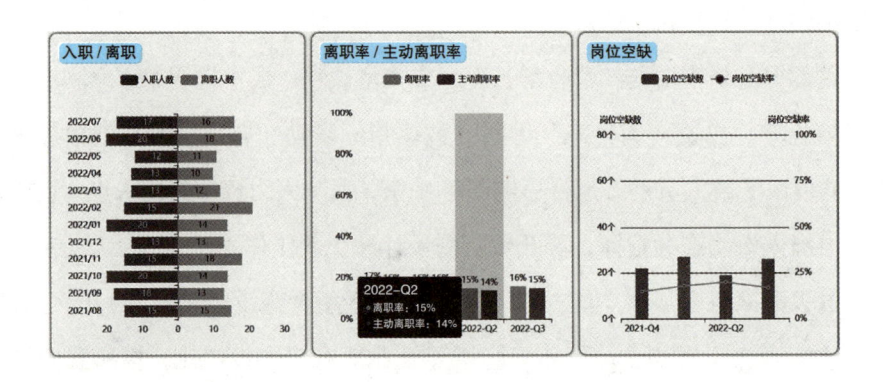

图3-4 人才流量表示意图

如果我们拥有这三张人才报表，那么绝大部分跟人才相关的数据都可以体现出来，当然除了财务三张报表参照外，还有很多智慧才报可以生成，譬如组织健康与活力报表、招聘效能报表、培养效能报表等，结合组织各阶段的需求，针对某些群体、某些模块进行数智化统计和分析的报表，都有很多应用价值和开发空间。

智慧才报透视人才管理

才报的概念在成熟度较高的组织早就有所实践，并已验证是一种传统人才管理工作的有效升级。我们来看一下这个领域的标杆实践，百度SDC（用户数据中心）在六年左右的发展历程中，经历了几次极为关键的迭代更新，其中尤为瞩目的正是他们的才报系统。

在才报系统中，对人员发展和组织运行至关重要的分析数据（如人才齐备率、离职率等）都设有"警戒线"，系统会通过红灯（警告）、黄灯（提醒）等直观形式，告诉用户当前组织和个人存在的问题。用户点击这些数据，就可以看到对未来可能发生情况的预测、对问题产生原因的分析、相应的决策建议等丰富的内容。

相比有形资产，人的行为更加复杂和难以预测。如何通过人力资源数据分析，监控企业状态，辨别需要重点关注的部门，发现影响企业的关键因素，预测劳动力水平，分析关键员工为什么离开，如何使员工高绩效产出等问题，都关系到企业的生存发展。百度SDC的才报系统，基于对人才数据的价值应用，实现了两个至关重要的功能：问题预警和驱动决策。一方面实现了在不同企业之间、企业不同阶段之间的人才数据比较，为管理者提供问题预警，提示在何时何地采取纠正措施；另一方面，才报提供了多视角的人才数据，通过不同群体、重点人群效能类指标的趋势分析，为人力资源管理决策、业务决策、组织管理决策提供了有力支撑。借由百度SDC的标杆实践，我们来详细阐述下智慧才报的两大核心价值。

价值一：问题预警

1. 基于度量体系实现动态监测

三张人才报表主导的才报智慧系统，构建了人才管理工作的度量体系，它们就像财务部门借由三张财务报表建立了可以"放之四海而皆准"的度量标准一样，通用于不同性质、不同规模、不同类型的组织。当然，人才管理的度量体系构建并非一蹴而就，三张才报从"人才资产、组织效能、管理运营"的维度搭建了度量体系的一级指标，为后续的度量、评估、诊断打下了基础，让度量体系有章可循，让人才管理工作有据可依。从流程管理的角度来说，我们可以度量的维度有数量、质量、速度、成本价值等，结合人力资源工作职能模块，度量指标设计如下（如表3-1所示）。

表3-1 人才管理度量体系的指标

项目	数量	质量	时间	成本	价值
人力规划	人员需求数量	人员要求能力	年度规划周期	人力成本总额	人力投资回报率
	员工增长率			人力成本占比	员工平均利润
					人效增长率
招聘选才	招聘人数	试用期通过率	人均招聘周期	人均招聘成本	关键人才招聘完成率
					新入职员工绩效优良率
绩效管理	高、低绩效人数	淘汰率	低绩效员工改进周期	人均绩效管理成本	劳动生产率
	被动离职率				
培训发展	人均培训课时	培训满意度	培训完成周期	人岗匹配率	绩效提升率
员工关系	员工人数	人力资源数据准确率	人均到岗时间	人均运营成本	员工满意度
	每月入职人数		人均服务年限		
	主动离职率				
	关键人才离职率				

续表

项目	数量	质量	时间	成本	价值
薪资福利	每月薪资发放总额	薪资发放准确率 薪资健康率	薪资发放及时性	人均薪资福利成本	员工敬业度

有了度量体系，也就有了量化的基础，就可以像管理有形资产那样管理无形资产，通过衡量分析而增加管理透明度，使人力资源管理真正成为企业的战略合作伙伴。彼得·德鲁克那句"没有度量，就没有管理"的警言说的就是这个道理。

仍以百度SDC为例，他们的才报系统就依托自建的指标体系，拥有人才管理、运营管理、组织效能等200多个关键指标，涵盖了人和组织的分析维度以及所有HR职能的衡量维度，从而更好地进行场景分析、模型分析、自定义分析（如表3-2所示）。

表3-2 百度SDC数据分析指标体系

A. 人才管理	B. 运营管理	C. 组织效能	D. 文化活力	E. 舆情分析
A1. 组织结构	B1. 招聘管理	C1. 成本	D1. 入职来源	E1. 内部信息
A2. 员工结构	B2. 薪酬管理	C2. 收入	D2. 离职去向	E2. 外部咨询
A3. 人才队伍	B3. 培训管理	C3. 收益	D3. 纵横向流动	E3. 第三方报告
A4. 个人状况	B4. 绩效管理	C4. 组织再造	D4. 敬业度	E4. 预测
A5. 高潜	B5. 离职管理	C5. 预测	D5. 满意度	
A6. 预测	B6. 预警		D6. 预警	

- 人才配置指数：A1，A2。
- 人才质量指数：A3，A4。
- 运营效率指数：B1～B5。
- 人才敬业指数：D4，D5。
- 人才回报指数：A5，C1～C4。
- 组织气氛指数：A6，B6，C5，D1～D3，D6，E1～E4。

如果管理没有以量化结果为导向，进行管理提升和优化，所有的管理都是低效的。基于度量体系，平台就可以通过人力资源数据分析，动态监控企业人才管理的健康状态，辨别需要重点关注的部门。

2. 设置预警指标，告知团队何时采取纠正措施

我们可以大胆地说，未来的企业一定会有两张报表——财报和才报，而且才报的战略意义更甚，两者最大的区别就是事先和事后。财报的结果往往是在事情发生之后告知收入多少、利润多少、经营结果如何，而才报则可以提前基于组织和人才的战斗力状况，预警可能出现的经营风险。在企业里，事在人为，如果组织效率明显降低、战斗力明显不足，在过去只有等财报出来后才会发现，才能去干预，这个时候已经不可避免地给企业造成损失，但如果有才报就不一样了，可以用数据非常明确清晰地预警组织健康状况，促使管理者改变行为，引导管理完善的方向。

以大家都关注的关键人才流失率来举例。一旦关键人才流失率这项指标超过预警值，管理者登录时就会看到非常醒目的红灯预警状态，点击后可以看到流失率和自己的同比、环比，以及其他部门的对比，显示出今年某月该群体的实时离职率出现异常，相比往年提前出现波动，并可以查看流失人员、流失原因、流失去向等各项详细信息及相关分析，即可立即进行专题分析，包括企业内部因素、竞争对手情况、劳动力市场趋势等维度分析。在业务端发现问题前提供出现该现象的原因以及离职员工的流动方向等信息，还可以查看系统提供的"管理锦囊"，这就使得HR部门和业务部门能够更快速响应，做出调整。这样的才报除了预警之外，还会促动管理者行为并提供指标优化解决方案，HR部门无须多说话，但对管理者的影响、对组织和人才发展的影响却是非常即时和前置于财务结果的。

HR部门可以通过整体规划确保数据分析具备一定的预警性，设置关键指标的监测系统，方便各部门"各取所需"，依据高管、业务负责人、HR部门、员工不同对象的决策场景可设置为：人才画像分析、流动分析、离职预测、

继任规划、人才库、人力资本及效率分析等（如图 3-5 所示）。

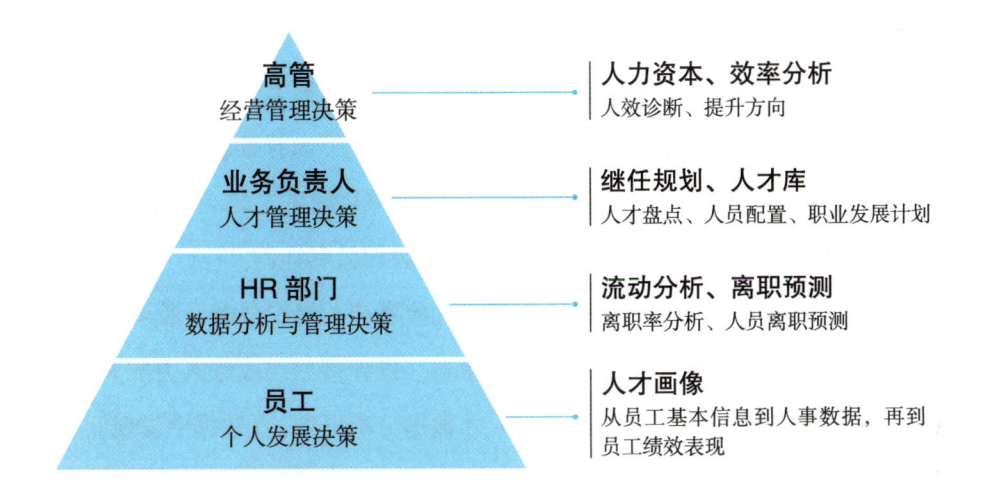

```
        高管
    经营管理决策        →    人力资本、效率分析
                            人效诊断、提升方向

      业务负责人
    人才管理决策        →    继任规划、人才库
                            人才盘点、人员配置、职业发展计划

       HR 部门
  数据分析与管理决策      →    流动分析、离职预测
                            离职率分析、人员离职预测

        员工
    个人发展决策        →    人才画像
                            从员工基本信息到人事数据，再到
                            员工绩效表现
```

图 3-5　多视角才报监测系统

价值二：驱动决策

才报系统可以科学地支撑管理层的决策。以往的决策更多依赖于有限的、孤立的数据，而才报系统充分利用 AI 技术，捕获企业经营管理和人力资源管理中的行为数据，形成人力分析的管理实践、员工能力、关键绩效驱动等多个维度；同时利用大数据技术，实现企业之间、行业之间的外部对标分析，例如岗位编制、人员增长率、招聘效率、离职率、绩效与劳产率等对标分析，有效帮助企业透过现象看到本质，实现因果分析和动态变化趋势的推演；同时，函数、建模等方式可以有效地分析组织健康度的现状并预测未来存在问题，防患于未然，在组织人员布局、组织核心人才任用及发展、梯队人才建设等场景中提供决策支持，实现从决策困难到智能决策的改变。

简而言之，人才管理的洞察分析主要是利用数智技术捕获历史数据、行为数据，前瞻性预测未来的动态变化问题，进而洞察出相应的企业人才管理变化，并制定相应的人才策略。

1. 洞察根因

才报系统的核心价值是对数据背后问题的分析和洞察，其重要功能在于穿透数据，借助联动、下钻、挖掘、预警等方法，挖掘事物潜在的关联性，在多种数据技术的探索过程中发现企业、组织、员工未曾意识到的新问题，为绩效改进提供机会或原因，据此设计人才管理综合解决方案、产品和服务，帮助企业做好宏观行为层面的战略决策，并与公司盈利挂钩。

如前述，才报的三张报表除了针对"人才资产、组织效能、管理运营"主题，企业还可以基于自身战略和业务需求，设计诸如"战略人力配置、人力资源运行、人才厚度"等核心维度的人才数据分析报表，在数据中发现问题，生成人才问题分析报告。

组织是一个系统，每一个节点都有相关性或因果关系，穿透数据其实就是透过现象看本质，不断找到根本问题的过程，也只有找到现象背后的问题及原因，才能真正解决问题。这也正是智慧才报的关键价值——找到问题、界定问题、解决问题。

2. 预测趋势

数据驱动 HR 部门、业务部门、老板们的决策，通过报表我们不但知道发生了什么，还能够进一步知道为什么会发生。穿透为什么会发生的数据，我们可以去预测将来会发生什么，最后是我们采取什么决策，实施什么解决方案及改善措施，这样的路径可以让组织螺旋前进、螺旋优化。

基于大量的数据及以往的经验，我们可以进一步利用数据知识和电脑编程来建立数学模型，对数据走势进行预测。不少公司已经在尝试利用大数据通过数据建模进行员工离职的预测分析。乍一看就像魔法，预测从何而来？通常的做法是基于业务的需求，与算法工程师进行配合，将数据进行更进一步的机器学习处理，由于预测本身存在不确定性，因此如何来验证和利用预测结果也需要业务专家和算法工程师紧密配合和合作讨论。

预测分析需要有更多的数据分析专业知识，在数据建模这项工作上，普通人力资源管理者很难实现，因而可以成立专业的人力数据分析团队，或者和拥有专业数据分析能力的 IT 部门、外部供应商合作。HR 部门提出人力资源运营过程中的痛点、需求和想法，让专业的数据专家帮助企业进行预测分析，并依据以往的经验来共同验证准确性。

要实现有效预测，除了专业的数据分析能力外，还需要引入业务数据，将各事业部业务指标结合财务、人力等指标进行综合分析，并回归到人力资源工作典型场景（如招聘、培训、绩效、薪酬、离职、人工成本、收入、人才队伍建设、人员结构等），了解人力资源在其中的助力点，让需要配备的人员资源、人员需要具备的资质、需要的预算和投入等更加清晰化，当所发生的变化反映到人员数据上，对应的流程、离职率等多个方面也会发生变化，最终实现多个维度综合分析后的预测，并给予业务参考。

数智时代的人才管理经营逻辑

借鉴财务管理体系搭建的才报体系，让数智化人才管理有了具象的呈现形态和务实的落地抓手。除了对应财务视角的三张才报外，我们提出才报"3+1"模式，这个"1"指的是组织健康报表，该模式更符合数智时代的人才管理经营逻辑。

众所周知，人是企业发展中最活跃也是最关键的要素之一，时代变化的背后是人的变化，正因为人的变化，由此带来人与组织关系的变化。我们追溯一下管理理论的发展也是不断界定"人"在企业中的地位和价值的过程：早期认为人是生产资料之一，用工具的思维来对人进行管理，人被视为与农具、土地具有同等地位的普通生产要素；后来将人看作一项资源，需要持续地开发和维护，认识到人的独特性和差异性，并由"事"来决定人的价值，强调"人岗匹配"，简单理解就是让合适的人做合适的事；数智时代，强调"人"是会呼吸的"资本"，人才尤其是顶尖人才不仅眼下具备知识、技能等独特价值，更关键的是具备持续增值的属性。但截至目前，却很少有企业确定说自己已经完全处理好人的工作。既然，数智化时代强调人是一种资产，我们就得去经营，那么如何去经营人才这种资产呢？

如果用企业家的心态去思考，在经营一个公司时，他一定会考虑投入多少成本，如何进行分配。本质上是用更少的投入产生更多的产出，对应到人才管理上就是"人力资本投资收益"——在经营视角下，结合我们的生产规模，对下列问题做出判断：当前人工成本和人力配置是否合适？在人工成本投入方面，我们的投资收益、投入产出如何？随着未来的发展，我们还需要继续投入多少人工成本？如何确保我们的人力资本投资收益保持持续增长？

要回答以上问题绝非易事，好在时代的发展带来了转机和红利。大数据和AI技术为人力资源的各类档案、信息、资料库的管理带来了新的生机和路径，对原本分散的人才大数据进行集成分析、建模，通过机器算法，可以高效实现人才管理战略的落地，包括精准测算人才缺口、识别组织关键人才、预警人才群体管理风险、同步人才画像、敏捷建模等。通过构建系统化、智能化的数据平台为组织带来增量价值。基于以上的环境背景、技术支撑，我们提出数智时代，组织人才管理的经营逻辑"止损—提效—增肌"（如图3-6所示）。

从以前的高红利时期发展到现在，越来越多的组织开始考虑如何提升经营质量，企业今天必须应对的最大挑战是环境的巨大变化，变化本身变得更加不可预测、更加复杂和不确定。要么迎接挑战，找到自己的出路，要么被挑战冲击而淘汰出局，因此组织自身需要有一套应对变化的免疫机制。这套"止损—提效—增肌"的组合拳助力企业在变化的环境里，制衡处理个人与目标、个人与组织的关系，更重要的是处理组织与环境、组织与变化的关系，实现可持续增长。

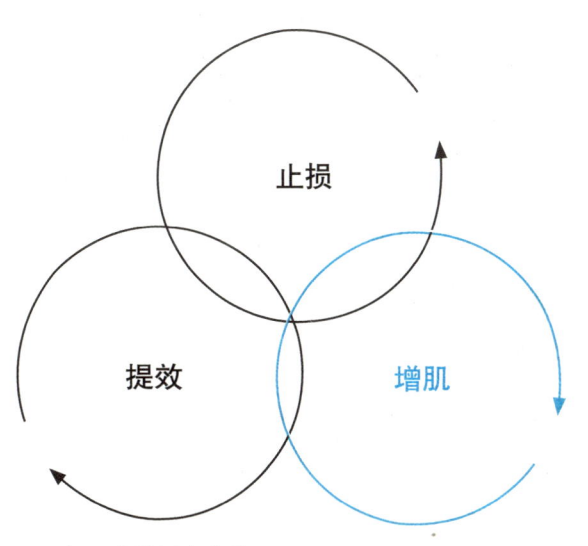

- 止损：清除冗余人员。
- 提效：动态实现最优化人效。
- 增肌：打造持续发展的组织健康体系。

图 3-6　组织与人才管理的经营逻辑

"止损""提效"两个概念相对容易理解，财务视角的三张报表基本能实现这两大功能，不过基于止损和提效理念衍生的才报，都是一个管理型指标的视角，它会让企业走向内卷。你看，人均营收 = 营业收入 ÷ 在岗人数，按照这样的逻辑，当营业收入既定时，减少人员编制就可以提升人均效能。我们还是得从经营的逻辑出发，企业要存续，必须要成长，而且是可持续的成长。

从"人均效能"到"组织效能"

这就需要人才管理从"人均效能"视角转向"组织效能"视角，通过"营收、利润、成长性、风险性"等结果性指标评价组织结果和产出，通过"市场占有率、产品多样性、技术领先性"指标评价组织运转，通过"人才密度、文化氛围、机制有效性、员工满意度"指标评价组织投入，通过"投入—过程—产出"的综合把控，系统提高组织效能。当然，并不是说人均效能毫无意义，而是要在组织效能的基础上关注人均效能，这样才有价值。

我们思考一个问题：A、B两家同行业的不同企业，同样都是100亿元营收，20亿元利润，不过A企业有3000人，B企业有2000人，那么二者的区别在哪？

我们可以快速地发现在"人、财"类的具体指标上均有差异，包括人均营业收入、人均净利润、人均毛利润、人均管理费用、周转率、利润率、利润增长率、工资增长率（可与利润增长率对比），以及每元薪酬福利成本带来营业收入、每元薪酬福利成本带来的利润、人工成本利润率、人均投入产出比（人均收入/人均成本）。简而言之，两家企业的人均效益不同，那么我们再深入分析：B企业2000人的总成本应该低于A企业3000人的成本，为什么利润是相同的？多出来的企业收益在哪儿？

答案不言而喻，相较于A企业，B企业可以有更多的资金投入新产品研发、技术升级、市场开发、品牌建设等组织层面的建设工作，当然B企业也有更大的薪酬空间去激励现有人才并招募更多顶尖人才，这样就开始了人才引擎的良性循环。B企业无疑更能实现可持续发展，相较于A企业，B企业不仅粮食没少打，土地还更肥沃。

多产粮食多施肥

仅看人均效益指标，会导致公司在短期内过度减人缩编，甚至可能导致人才链断裂，让公司丧失未来的增长机遇和增长空间；片面强调人均效益，很可能会压制业务增长的潜力。

因此，任正非指出，"人均效益提升的基础是有效增长"。对于企业而言，在寻求提升人效的同时，也要不忘着眼于未来，寻找下一个增长点，否则，只专注于眼前利益，忽略组织的长远发展，哪怕暂时的人效提升也无法保证组织未来的可持续增长与发展。

"多产粮食、增加土地肥力"是任正非管理之道的关键词，是华为组织层面的激活目标，也是一种返璞归真的组织管理境界。大道至简，做企业就像耕种，目的就是多产粮食、增加利润规模，而管理、激励、绩效等动作的核心目的，就是增加肥力，这就跟农民给土地施肥、除虫、松土等动作一样。洞察了这个本质核心，做好组织管理工作就把握到了诀窍。为了多产粮食，增加土壤肥力就显得尤为突出，粮食从哪里来？需要好的庄稼，庄稼没有肥料，只能是低产，甚至无产。只有提高土壤肥力，才能使庄稼长势好、多结果，增加产量；很多时候，也正是因为土壤肥力出了问题，导致粮食没有了。

因此，组织人才管理工作不仅需要关注结果，也需关注过程中的投入产出比；不仅要关注硬性的结果产出，也会关注软性的能力打造；同时它也是一种把握节奏的智慧，不仅是要立足当下，也要考虑未来长期性的可持续发展。

组织健康报表

组织发展不仅要提升效能，还要维护健康。以锻炼身体做比喻，适当锻炼可以增强体质，让人长久保持健康状态；如果是短期内高负荷的锻炼，短时间内可以提升体能，增强体魄，效能能够提升，产出能够提高，但也容易损耗精力，对身体机能造成伤害。如果过度关注人效，容易犯拔苗助长的错误，效能的提升不能以损害组织整体健康为代价。

一个健康的组织，要上下同心追寻共同目标，开放坦诚信任，拥有完善的人才管理体系，拥抱变化，持续不断地进行创新变革。组织是一个复杂系统，它就像一个生命体，由若干子系统构成，当系统出现故障，需要对每一个子系统做细致的梳理，找出真正的诱导因素，我们提出"组织健康度诊断模型"，从"使命方向、组织氛围、人才管理、创新活力"四个维度12项指标系统地帮助我们去找到组织所存在的问题，透视组织的健康状况（如图3-7所示）。

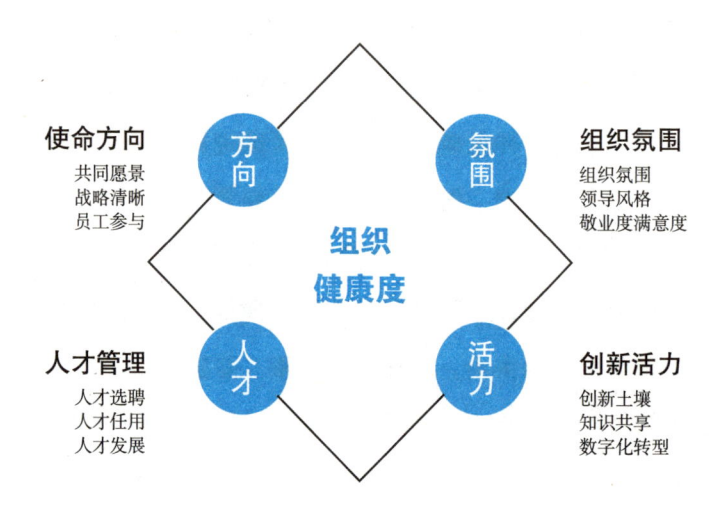

```
使命方向            组织氛围
共同愿景            组织氛围
战略清晰            领导风格
员工参与            敬业度满意度

        组织
        健康度

人才管理            创新活力
人才选聘            创新土壤
人才任用            知识共享
人才发展            数字化转型
```

图 3-7　组织健康度诊断模型

在智慧才报系统中，"组织健康报表"依据此理念而生，组织健康度诊断模块可定制设计组织诊断的活动要求，包括一级维度、二级指标权重设计、特殊选项、无效选项设置等。完成从定制模型、设计题本、实施调研，到数据分析、生产报告的组织诊断全过程，最终的数据会回流到组织驾驶舱系统内，实现组织看板的及时动态呈现。

需要指出的是，组织健康度的诊断维度并不仅限于上述四类，企业应当结合自身的发展阶段和实际需求，定制化开发组织健康度诊断模型、题本，或基于上述维度进行变式、优化。组织健康报表从组织的可持续发展视角系统梳理企业现存在的直接或潜在问题，并通过数据驱动和挖掘洞察，以组织范围内各层面的价值视角完整立体地评估问题，为高效透彻地解决企业重大实际问题提供强有力的支撑。

第三部分
数智化人才管理三根支柱（技术层）

决策层	人才管理驾驶舱	组织：智慧才报	组织健康报表 组织效能报表 人力资产报表 人才流量报表	经历能力 匹配力 效能力	文化力 潜力 动力	个人：数字孪生
应用层	人才画像 组织健康度	招聘竞聘 梯队建设	人才盘点 学习发展		组织氛围 高潜选拔	敬业度满意度 干部管理
工具层	组织诊断 敬业度 组织氛围	定义人才 满意度 组织健康度	全面评价 TP建模系统 建模工作坊	素质测评 360度评估	人才培育 AC评价中心 在线考试	学习平台 团队GDP	个人IDP 赋能陪练
技术层	技术支撑			数据库			
	大数据 PaaS	AI智能 SaaS	云计算 OP	指标库 产品库	模型库 常模库	题库 量表库	

"4-F框架"技术层包括两个部分：一是技术支撑，即大数据、人工智能以及云计算等核心技术，以及PaaS和SaaS系统平台；另一部分是数据库，包括人才的各种指标库、模型库、题库、常模库、量表库等大数据库。这两个部分共同夯实底层基座，是数智化人才管理的基础建设。

这些内容似乎更多是信息部门需要关注的，人力资源管理者更擅长与人打交道，解决人的问题，而不是成为大数据、人工智能等技术领域的专家，人力资源管理者理应先从自己擅长的方面出发，思考在满足员工的需求方面，基于对人性需求的把握和最新技术趋势的了解提出更多的建议，作为桥梁来连接技术和人性需求。

数智化人才管理不是简单地上一套系统或成立一个数字化部门，而是人才管理科学与数智技术的深度融合，它能够为组织竞争力带来全新的、巨大的增益。对HR团队而言，不能错误地去发展自身的技术能力，而应思考如何利用技术能力去发展业务、组织、人才。技术的使用能够统一内部关于对组织、业务与人才的认知，提升各模块的衔接配合，提升HR部门在组织内部的影响力。同时将人力资源管理者从传统事务性工作中解放出来，思考真正对组织战略实现有意义的事情。

总而言之，技术的应用，正在重构组织与人之间的关系。本部分共三章，我们围绕数智化人才管理技术层面三根支柱——数据、BI和IT系统展开具体阐述，说明人才数据分析背后的风险以及风向；阐明BI商业智能技术到底是什么，以及如何搭建起企业的IT系统。这三根支柱是技术层的内核，构建起了"4-F技术层"的技术支撑和数据库，同时有机实现二者的联动整合，避免割裂的技术视角或HR视角。

| 第 4 章 |

数据

谷歌的任何人力资源决策都不是来自哪个最佳实践,一定只会来自内部的数据分析。

——谷歌前任首席人才官拉斯洛·博克

在实践工作中,人力资源部似乎是企业中使用数据最少的部门,与财务部、市场部等相比,人力资源部更偏重于采用定性的语言来描述工作,不擅长运用数据来辅助决策。事实上,人力资源从业者长期以来积累了大量有价值的数据(如图4-1所示)。

"把人看作单一的数字"听起来有些可怕,但事实上,只有当HR部门可以量化自己的影响,并通过使用数据来影响业务决策时,才能成为真正的业务伙伴,否则HR部门只不过是一个完成重要工作的业务帮手,无法为业务增加价值和竞争力。

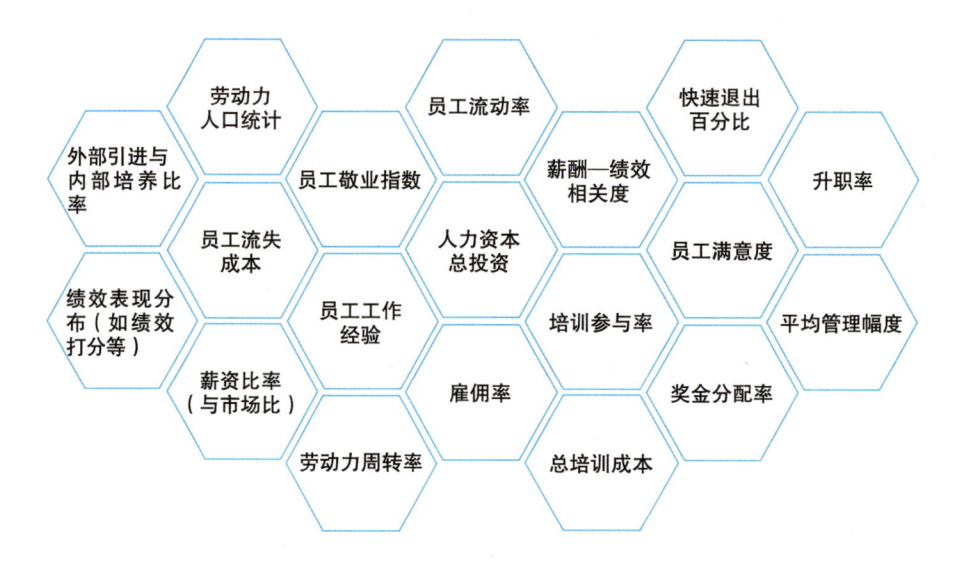

图 4-1　HR 部门积累的大量有价值的数据

人才数据分析成为管理新时尚

过去 20 年，互联网极大改变了我们的生活，但对于组织的改变相对较小。大部分企业使用的还是十年前的软件，管理模式还是以前的沿袭，企业人力资源的变化、信息化的进展都比较缓慢，人才管理技术和思想更新也相对缓慢，根本原因在于"改变的迫切性不够"。但随着数智化时代的来临，组织逐步从矩阵式变成网状结构，人才管理就变得无比关键；随着与互联网一起成长起来的新生代员工大量进入职场，对组织中人和人之间的关系提出了更新的要求，内外两股力量都在推动组织变革。尤其在智能技术突飞猛进的背景下，组织变革在未来 3～5 年将进入加速期，数智化会让我们的人才管理水准提升到一个新的层次。

数据作为一个专有名词，在几年内衍生出了如大数据分析、敏捷数据分析、大数据应用、智能数据等一系列相关的新名词，大数据也被誉为"数智时代的石油"。

企业被置于不谈数据就落伍了的浪潮中,因为无论是人工智能还是信息系统,所有这些技术的基础都离不开数据,越来越多的企业将数据分析的结果作为战略决策的指引,在有限的时间内从庞大的信息中找到优先需要重视的问题并研究对策。与组织人力资源和人员管理息息相关的人才数据亦是如此,在数智化转型的大背景下,人才数据的运营与应用也承接了企业数智化转型的重任,随之而来的人才数据分析也成为一种新兴管理模式,以往"文科生式"的工作描述,例如"我们公司员工的生产效率比较高,公司团队的氛围有待改进,最近很难招募医药研发人员,最近人员流失问题比较突出",会渐变成这样的画风,"我们公司的人效比行业平均水平高30%;公司的敬业度调查结果比去年下降5个百分点;目前平均医药研发人员的招募时间是3个月;目前为止,员工的年化离职率为40%"。这种量化的思维和表述方式在组织环境下能够让我们更理性地看待问题,除此之外,这种管理模式和以往的管理方式存在以下特点:

- 以事实为基础的主动分析。
- 以数据为基础的决策制定。
- 让人才管理变得更加严谨。
- 将人才资源投入提升到更加重要的位置。
- 为直觉式人才管理带来足够的客观依据。

什么是人才数据分析?

数据分析,简单点说就是对数据进行分析的过程;具体点说,就是让数据经过提取、转换、加载、建模、绘制结论,最终为决策提供支持的过程。

人才数据分析是通过对数据的分析以及深入研究,进而做出更好的决策。之所以更好,是因为这些决策的制定基于事实和数字,而不是依赖直觉。也正是基于事实，组织才能够验证在实现人员最佳管理方面的假设。

人才数据分析是人力资源管理、数据分析与财务的一个交集（如图4-2所示）。它需要一套超越那些传统HR领域的技能，这意味着组织需要各种技能来实施相关数据分析。

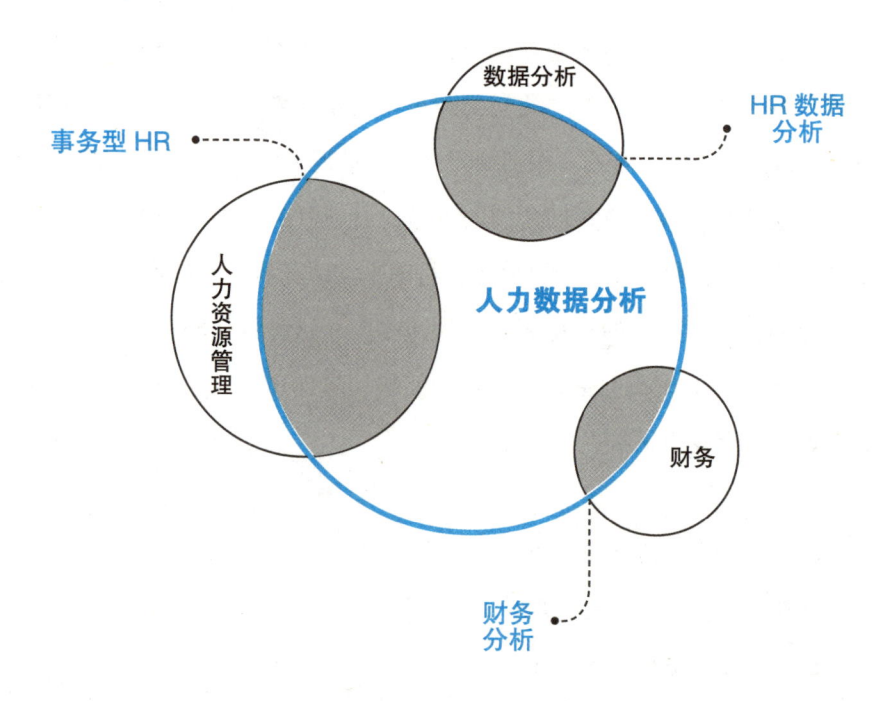

图4-2 人才数据分析

HR数据分析更倾向于人力资源管理，而人才数据分析是将数据科学及其原则应用到人才管理领域中。

当然，仅对HR实践有充分理解是不够的，对数据进行分析也很有必要。这就需要在统计学和数据分析技能方面有一定的基础，通过联系数据、开展回归分析、采用结构化方程建模或使用其他方法来分析数据。

1. 数据分析的目的

对企业而言，数据分析是要解决某些业务中遇到的问题，帮助决策者做出更优质的决策，根据企业对数据分析的要求，我们将数据分析分为三大类：分析现状、分析原因、预测未来。

（1）分析现状。分析现状是企业数据分析最基础的目的，通过数据分析了解目前企业的人才结构、人才分布、能力分布、价值观、继任健康度等情况，还可以了解企业的生产经营情况，企业的营收利润、人效、钱效等。

（2）分析原因。在了解了企业的现状之后，我们不知道是什么原因造成了目前的现状，不知道背后的影响因素是什么，这时就需要进行原因分析，找出背后真正的原因。

（3）预测未来。数据分析的第三个目的就是预测未来，举个例子说，企业通过对继任图谱的分析，企业决策者就能清楚地看到每个岗位的继任情况，某个岗位出现空缺后是否能够快速地补充人员，如果不能，我们应该采取什么措施来应对，以确保每个岗位空缺后都有人员快速上任。

2. 数据分析的基本类型

根据不同工作流程所处阶段和分析需求角度出发，数据分析可被划分为描述性分析、诊断性分析、预测性分析和处理方式分析四种类型。

（1）描述性分析。

描述性分析主要汇总原始数据，并将其转化为可以理解的形式，例如各种报表、图表等。需要注意的是，描述性分析通常是从过去的数据提取出有价值的见解，但往往不具备解释问题发生原因的能力。

（2）诊断性分析。

诊断性分析是在描述性分析的基础之上，进一步对数据进行分析处理。通过诊断性分析，可以深入挖掘问题根源，识别依赖关系，找出影响因素。借助联动、下钻、挖掘、预警等方法，可以知道问题是如何产生的，企业需要关注哪些方面来帮助解决问题。

（3）预测性分析。

相较于描述性分析和诊断性分析在过去数据上的集中，预测性分析往往更能说明未来可能发生的事。通过使用描述性和诊断性分析的结果来检测趋势、异常或做聚类分析后，对未来进行动态预测。

（4）处方式分析。

处方式分析是基于对"发生了什么""为什么会发生""可能会发生什么"的分析，通过算法手段让决策最优化，来帮助用户决定应该采取什么措施，以便消除未来可能发生的问题或获得更有利的趋势。作为最先进的分析方法，它不仅需要历史数据，还需要很多外部信息，利用更为复杂的工具和技术，如机器学习、业务规则和算法等，这也决定了它的实施和管理相对于其他分析类型来说更加复杂。

基于数据分析这一管理时尚背后的冷静思考：HR部门通过构建系统化、智能化的数据平台为组织带来增量价值，其实质是因时因地做出智能化的人才管理决策，获取、发展以及留存所需的人才，为企业战略、业务和经营持续提供人才梯队支撑。我们不禁提出以下问题：

- 人才数据分析会不会像"一分钟管理""企业再造"等很多引人注目的新观点一样没法持续下去？
- 这种形式是否有沦为消退的管理潮流的风险？
- 有哪些陷阱会导致它成为一阵风？

回答上述问题，我们得先看一下，就人才数据的治理水平而言，当前国内众多企业的数智化实践之路进行到了哪一步？

人才管理数据应用的三个阶段

我们发现，由于企业自身的规模、管理层的重视程度、企业信息化程度、是否有专业的数据人才以及企业当前阶段的数据侧重点等因素的影响，起点各不相同，进而在数据的运营与运用上存在不同的发展阶段：多数企业处于成熟度较低的"数据基础建设"阶段，谈人才数据决策为时尚早；也有部分先行企业，数据治理较为完备，人才数据的决策运用较为成熟；只有极少数企业致力于探索人才数据和业务数据的整合，实现数据高阶分析与对组织决策的助力和驱动。

Davenport 和 Harris 曾在他们合著的《数据分析竞争法》书提出过一个"商业智能与分析模型"，这一模型为后续众多企业的数字化转型提供了清晰的思路。受此启发，我们发现：单纯就人才管理的数据应用而言，也应有一套完整的方法体系，首先构建人才管理数据体系，再去分别构建分析体系和治理体系，由此形成人才管理数据应用的三个阶段（如图 4-3 所示）。

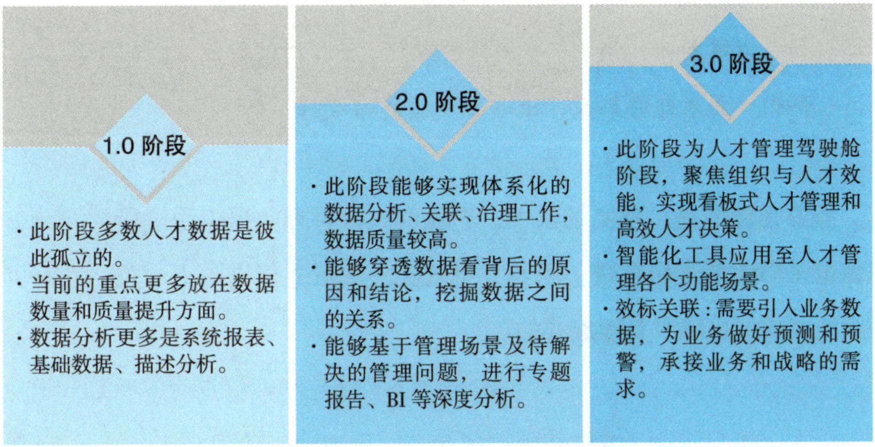

1.0 阶段
- 此阶段多数人才数据是彼此孤立的。
- 当前的重点更多放在数据数量和质量提升方面。
- 数据分析更多是系统报表、基础数据、描述分析。

2.0 阶段
- 此阶段能够实现体系化的数据分析、关联、治理工作，数据质量较高。
- 能够穿透数据看背后的原因和结论，挖掘数据之间的关系。
- 能够基于管理场景及待解决的管理问题，进行专题报告、BI 等深度分析。

3.0 阶段
- 此阶段为人才管理驾驶舱阶段，聚焦组织与人才效能，实现看板式人才管理和高效人才决策。
- 智能化工具应用至人才管理各个功能场景。
- 效标关联：需要引入业务数据，为业务做好预测和预警，承接业务和战略的需求。

图 4-3　人才管理数据应用的三个阶段

基于上图对企业不同数据发展阶段的划分，可以发现不同阶段的数据基础、需求、侧重点，以及数据分析的实现程度各不相同。

- 1.0 阶段的企业占比较大，实现"用数据说话"，该阶段是数据运营与运用的基础,即如何进行体系化的人才数据治理,强调被动的、基础数据的收集和统计,帮助企业打好人才数据基础。

- 2.0 阶段的企业实现"用数据诊断",该阶段企业数据口径统一,整合数据以及诊断管理者需求,强调通过内外部对比和数据的关联深度分析,帮助我们发现问题,形成判断与产生结论,提升数据报告价值,通过一个完整的分析过程影响人才管理关键决策。
- 能够到达 3.0 阶段的企业极少,该阶段的数据分析从经营和驱动业务方面出发,通过人才分析,实现业务驱动,要求跳出人力资源专业闭环,帮助管理者进行前置管理,实现"用数据预测"。通过这些数据,人力资源部门能够更全面精准地预警和预测组织层面的人才问题,这是对 e-HR 阶段人力资源数据分析的一个重大改变。该阶段更强调以数据预测引导当下,展开未来规划,比如人力规划的预测、人才挑战的预测,包括通过智能分析的手段,预测一些未知的挑战,进而推动变革的过程。

需要强调的是,现实场景中,企业的人才管理数据应用阶段的区分,并非像电子游戏般逐级前进,不是只有攻克一关后才能进入下一关,它有可能是跳跃式的,也可以是螺旋式的。

HR 如何借助好大数据这股东风?

追溯人力资源的发展历程,从 20 世纪初期泰勒主义的"效率为主",到麦格雷戈"X 理论和 Y 理论"的提出,到人事管理、人力资源管理,再到战略人力资源管理。人力资源从业者付出了无数努力,希望将这个职能转变成一个更有战略地位的业务伙伴,但有些企业的人力资源依然只是一个支持部门,在商业决策中无足轻重。在组织层面,人力资源从业者设计的操作性和战术性任务最多,但依然没有带来战略影响。眼下或许正是人才数据分析走上舞台的绝佳时机。人才数据分析将科学化管理理念带到了 HR 领域,量化了 HR 的价值和影响,甚至在某种程度上,它是驱动科学管理的复兴。

通过数据驱动的方式来管理人员,对大部分人而言,仍是全新的工作领域。HR 将不再靠经验和直觉,而是与组织内的其他部门采用同一种语言——数据,人力资源会变成一个频繁与数据打交道的部门。图 4-4 展现了数据产生价值的路径:数据生成报表,报表引发更加深入的数据挖掘和信息分析并产生分析结果,分析结果融入决策流程且引发了具体的行动,进而产生价值和影响。

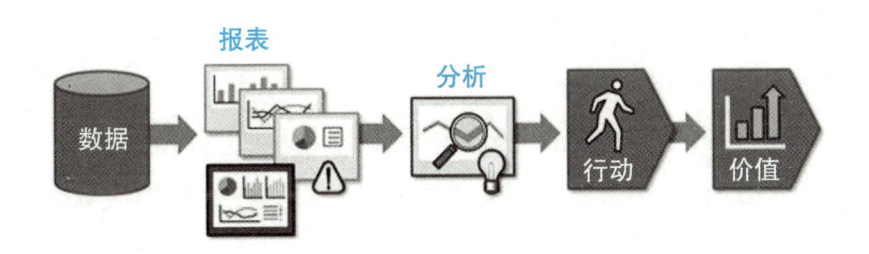

图 4-4 数据产生价值的路径

结合人才管理的场景,我们提出基于人才数据的价值链条:看见、洞见、预见(如图 4-5 所示)。接下来我们重点梳理人才数据分析这一管理时尚在每个阶段的关注点,给出相应的解决方式,并提供更好地迈向下一阶段的建议。

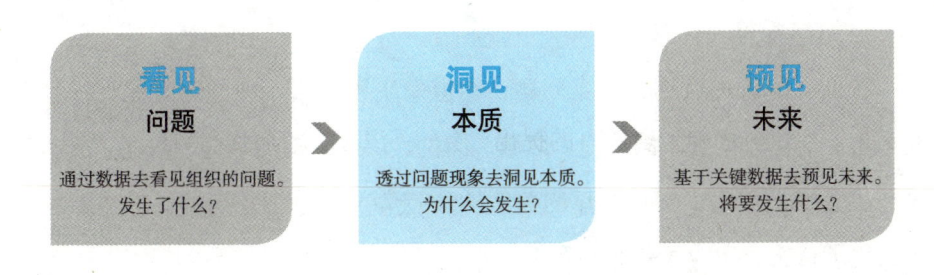

图 4-5 基于人力数据的价值链条

企业可以根据自身情况按图索骥，制定数智化人才管理的发展策略和落地举措。

看见：人数合一（1.0 阶段）

对应人才管理数据应用的三个阶段，1.0 阶段注意事项是关注人，避免本末倒置式数据狂热。

许多企业已经上线 EHR 系统，实现了人力资源数据线上化，这一过程通过系统和数字化工具带来了效率提升，积累了人才大数据，并统筹整个数据治理及其与系统、流程等方面的关系。

相比 Excel，EHR 系统能够记录数据的历史变化信息，效率得到了提高，1.0 阶段的核心任务是要打好数据基础，需要企业投入精力提高数据质量。企业在数据治理方面面临的挑战，主要有非结构化数据采集、处理困难、数据孤岛、数据标准不统一、数据字段不完整等。从目前数据治理过程中采取的举措来看，打通数据库、建设统一的数据仓库、进行数据清洗等都是企业关注的重点。

对于 HR 部门而言，更为重要的是，我们必须跳出"就数据谈数据"的思维，从整体上着手构建人才数据的指标库。这一阶段我们需要思考人才数据最终要实现的价值：数据要服务组织，满足组织人才管理管理场景下的应用需求，人才数据更需要聚焦于人，通过对人更加深入的描述，更好地助力人才管理工作。

1. 如何看见——细化

看见，即通过数据去看见问题，知道发生了什么，但如何看见呢？答案是细化。细化数据到不同部门、区域、岗位、层级，按类别显示数据、成本、时间、数量、效率，寻找明显的关联性和趋势，通过细化能够更加清晰地看到发生了什么，出现了什么问题。

"魔鬼藏于细节中"，很多企业都通过人才盘点的动作来分析人才结构的数据，但如果只是从整个组织的角度将人才数据类别做出分类，将分布情况做出统计，显然无法得出什么结论，连评价好坏的标尺都没有，我们也无法知道什么类型的人才结构是一个最优的人才结构。但将这些数据细分到从部门、层级、区域等层面进行类比和交叉的时候，就会自然而然地反映出一些问题。早年腾讯就通过人才数据年龄结构的比对分析发现：全集团一两千名总监中，30岁以下的人数极少，这对于强调"活力、年轻化"的互联网巨头而言，细化到"年龄和层级"这两组数据，看人才结构的时候，才发现出了问题，后来便有了"干部队伍年轻化"的人才举措。

通过不同部门、区域、岗位、层级数据的对标分析，差距最大的维度往往意味着公司相对人才供给较弱的区域，如果正好是公司战略或战术核心人才，则需要重点加强，或者尽快调整负责人；通过不同部门、区域、岗位、层级数据的交叉分析，如果相对较弱，则意味着该维度面临较大的问题和风险，需尽快分析产生的原因并做出有针对性调整；也可以看出整个组织在人才分布中的潜在风险，在哪些部分可能会出现人才断档、人才空缺等；哪怕是基础的人事行政信息的交叉分析，也能发现可能的风险和问题，如年龄整体偏大的可能风险是对于数智化时代新商业机会的理解和把握较为缓慢，对业务的创新突破不够等；年龄整体偏小的可能风险是管理成熟度不够、决策冲动性较大等。

通过细化人力资源各种不同的指标，我们可以进一步定位原因。例如，我们发现新员工无法通过试用期的比例上升时，就可以把员工的数据具体细化到不同的部门或者不同的招聘人员，如果我们发现这种情况都集中在某个部门，那可能是部门管理的问题；如果是集中于某几位招聘人员，那可能就是招聘人员的技能问题。同样在分析离职率的时候，通过细化的方式，分类到不同的团队，我们才有可能进一步看到问题。

2. 看见什么——人的数据指标

组织内关注度较高的人才管理数据主要有三类指标：

第一类是关于离职率等人才保留相关的指标。

第二类是人才发展相关的指标，如晋升率、干部内部生长率、管培生成材率、人才内部流动性等。

第三类是招聘的相关指标，如招聘预算、招聘费用的预算执行率、招聘效率、猎头使用情况等。

除以上三类指标，在寻找管理者真正关注的数据分析维度与指标时，我们还需要关注企业现阶段的业务痛点，例如处于快速扩张阶段且正好在行业红利期的发展型企业，可能更关注人员到岗率、人员编制完成率、招聘效率、新招聘人员保留情况等"人员到位"的指标；处于稳定发展期的企业，可能更关注人才保留情况、人才内部的晋升发展情况。

不同层级关注不同的指标，不同场景有不同的人才指标定义，以下是较为典型的各类人才指标，供大家结合自身企业不同阶段需求以资参考和借鉴（如表4-1所示）。

表4-1 人才管理典型场景下的人才指标

模块	基层	中层	高层
人才规划	月/季/年人数 人员进出情况	人员编制控制率 人才缺口率	人才规划完备率 人才梯队完备率
人员结构	年龄结构 学历结构 司龄结构	态度结构 能力结构 绩效结构	岗位胜任情况达标率 后备人才能力达标率
招聘管理	简历获取率 简历合格率 面试赴约率	面试通过率 招聘满足率 招聘渠道贡献度 内外部招聘比例	人才到岗率 招聘成本 空缺岗位补充时间
培训管理	实施培训次数 参训人次/人数	培训计划完成率 培训课时完成率 培训满意度	人才能力达标率 培训费用/培训投资回报率 人才培养体系完备率
人才保留	离职人数 离职面谈数 同批员工留存率/损失率	离职人员结构 离职人员流向 离职原因情况	人才离职率 离职人才业务合作率

续表

模块	基层	中层	高层
薪酬管理	考勤的检查次数 薪酬发放及时性 薪酬发放准确性	加班强度比率 薪酬福利发放总额 薪酬福利调整情况 工资增长率	员工出勤率/缺勤率 人工费用额/率 人均劳效/利润 工资收入
绩效管理	绩效工作完成率 绩效数据收集率 绩效检查执行率	绩效工资比率 绩效考核覆盖率 绩效数据完备率	绩效改善结果 高绩效人才比率
员工关系管理	员工访谈次数 发放/回收问卷件数 接待员工投诉事件次数 社保和公积金参与率	劳动合同签订比率 员工投诉发生比例 劳动争议发生比例 解决员工投诉事件次数	员工敬业度 员工满意度 工伤损失比率 劳动争议损失比率

基于表4-1，HR部门可以提高人才数据在组织内部的曝光度，让业务部门与管理层了解目前可用的数据，同时便于他们提出新的分析诉求，让人才数据"越用越准"，逐步搭建起人才管理的数据指标体系。

3.有什么注意事项——当心数据旋涡

关于注意事项，在具体的做法上，推荐一个实用的判断矩阵工具，避免陷入思维混乱、盲目堆砌的数据旋涡（如图4-6所示）。

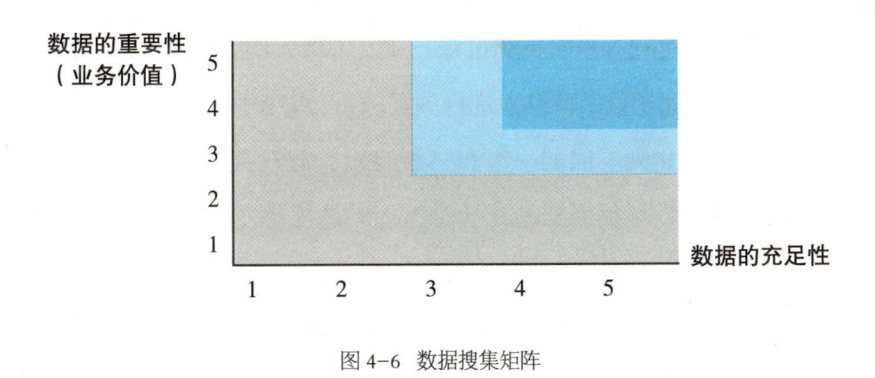

图4-6 数据搜集矩阵

横轴表示数据的充足性，纵轴表示数据的重要性。

横轴，站在人力资源管理视角就可以收集数据和判断数据是否充足，从员工数据，到人力资源管理数据，再到人才数据、人效数据，以及运营效率、组织效能和组织效益数据，打通从人到业务的数据结构。

纵轴，这个部分要由外而内，从业务角度出发，听取业务部门意见，与业务部门沟通他们在业务发展过程中遇到的挑战、难点，然后需要HR来帮助分析，从而确定数据的重要性。这就要求针对各类型的数据可以挖深、细分颗粒度、细化衡量维度，找到有价值的数据反馈给业务前端管理者。

由这个矩阵我们发现：相较于数据数量的多少，数据结构的完整性更为关键，需逐步完成"有没有、准不准、全不全"的闭环。一旦矩阵建立，不同的指标或者分析专题，就会以散点形式，分布在这个矩阵。右上角就是我们分析的重点，越向左下角，分析的价值和必要性逐渐递减。比如右上角出现几个专题，分别是人才结构、人效分析、敬业度，那么第一年或者是第一阶段需要做的就是这几个重点。总之，人才数据分析不求多点开花，关键在于能否抓到业务重点，基于历年或者连续一个周期的闭环数据、循环反复的闭环数据，分析出一些有价值的成果，哪怕是点状的成果。

"看见"问题相对容易，在一些数据分析工具中通常会提供分类切片的功能可以让HR部门从不同的细分维度来发现问题。需要强调的是，数据统计一定是持续性的过程，只有持续追踪，才有价值。HR团队需要持续追踪关键的人才数据，在此过程中持续地进行关联分析，譬如持续追踪"组织温度"这一指标，然后细化到不同的一级和二级组织、部门、分公司、工厂去看，去对比的时候就会发现很多问题，针对这些问题提出专门的改善建议，定期检核衡量，持续螺旋做出改善。

"将人才看作资产"是数智化时代实现人才高效利用最重要的手段之一，需要我们对人才的定义和指标做出更深入的洞察，通过数据方式进行人才解读和呈现，进而针对不同人才采取不同措施，实现人才利用的最大化。

洞见：数据驱动（2.0 阶段）

在 1.0 阶段，企业进行了体系化的人才数据治理，提升了人才数据质量，实现了基础人才数据响应，打下了良好的人才数据基础。进入 2.0 阶段，企业则更关注数据的运用，尤其是如何通过数据分析帮助企业进行人才管理决策，避免陷入毫无意义的分析。

大量的人力资源数据汇集之后，数据价值的有效挖掘便成为挑战，如今大多数大型组织拥有人员分析团队，公司高管也将人员分析列为重点，几乎无人质疑人才数据分析的美好前景。不过许多领导者也不得不承认，所谓的"分析"其实只是基础报告，尚未产生深入且持久的作用，公司既没有将数据分析贯穿到日常人力资源流程中，也缺乏利用分析进行有效预测，推动决策制定的能力。面对复杂的分析技术和亟待统筹的整体局面，鲜有组织知道应当如何实施，众多人力资源管理者在该阶段较为典型的困惑是：如何建设服务于业务的数据分析流程。

该数据分析流程是基于人才问题的分析，而非针对数据本身，以终为始，这就要求我们从问题出发，通过数据分析找到关键因素，形成分析报告，输出解决方案，不断去优化我们的业务和运营，以提高组织的绩效。"基于人才问题"，这是人才数据分析与其他业务数据分析之间的区别，但流程、方法则是相通的，殊途同归。

简而言之，2.0 阶段的主要挑战就在于：无法诊断管理者需求，数据报告价值不突出，无法通过数据发现管理中的核心问题。由于自身专业限制，人力资源管理者常常从人力资源角度出发做数据分析和展示，数据分析的指标和维度并非管理层或业务部门所关注的，这里有一个彼此思维不协调问题。"以终为始"始终是一个折中且明智的策略，正确的商业问题将为后续的分析提供明确的方向。

1. 如何洞见——穿透

洞见，即透过数据表象去洞见本质，为什么会发生？如何产生洞见？答案是穿透。穿透表面数据看背后的原因，通过对大量数据进行筛选、分离、归类、整合等一系列"穿透"动作才能发现和聚焦问题根源所在。"穿透"本质上是对数据核心意义的挖掘和探讨，是对问题的查找、判断、分析，可以知道"为什么会发生"。

现在也有人力资源管理者在经营会议上进行数据性汇报，所列指标众多，但大多数的指标还是停留在现象指标上，而不是数据的洞察，仅仅是过去一些现象的简单反映，不能真正定位问题，更无法找到解决方案。所谓的洞察，是对特定场景中问题的特定因果关系的理解。一般而言，人力资源管理者在日常工作中遇到的绝大多数有关联的变量关系都是相关关系，面对的问题并非绝对因果关系，也难以推导出因果关系。如果你收集了一些数据，做了一些探索性数据分析去寻找变量之间有意义的关系，也许会发现什么，但即使两个变量之间有非常强的相关性，也并不意味着二者存在因果关系。例如，公司薪酬水平低和员工离职率高之间应当具备一定的相关性，但并不能断定它们之间属于因果关系。

- 因果关系必定是一种相关关系，但相关关系却不一定是因果关系。
- 相关关系可以提供可能性并用于推测因果关系，但并不能被证明。
- 相关关系可以同时存在于多个变量之间，因果关系只存在于两者之间，其中一个为因，另一个为果。

仅依据统计数据和主观想象不足以得出事物之间的因果关系，想要识别两者之间的因果关系，必须严格地从理论上证明这两个变量之间存在因果逻辑，并且要排除掉第三个隐含变量导致这两个变量变化的可能性。人力资源管理场景大多是非结构化的、模糊的、不确定的、灰色关联的，这就更需要我们突破简单线性思维的束缚，不局限于表象的推理逻辑，深度剖析各种数据因素之间的相关性。

企业经常会遇到各种各样的人才管理问题，比如，员工对薪酬不满意，竞争力下降；产品质量下降；产品需求和整体收益下降；员工频繁跳槽；组织规模缩减之后士气低落等。深究之下，这些都只是现象，真正的问题还隐藏其中。比如需要解决"技术人员流失"问题，我们一般的做法是：通过任职资格和发展通道的设计，为技术人员提供成长空间来留人。但通过调研数据的深入分析后，发现技术人员流失的主要原因是成就感和发展空间不足，深层的原因是企业整体业务推进不畅；再穿透数据研究企业业务推进不畅时，发现原因在于企业布局的行业太多，资源和能力跟不上，处处打井，最后均不了了之。最后选择的解决方案是战略澄清，聚焦优势领域，集结资源，压强投入，逐步突破。

2. 怎么洞见——数据穿透流程七步法

在数据中看到异常情况后，我们需要有针对性地穿透数据，制作专题分析报告，并采用一套高效的数据分析流程支撑起不同的人才管理需求，我们将其称之为"诊断盒子"，其有两个主要特点：一是以数据贯穿始终，充分发挥数据的量化优势；二是符合当下组织关于人才决策的动态要求，像盒子一样及时响应群体级、部门级、专项级等多类别的人才决策，彼此间相互关联，也可以单独成立。具体而言，针对每个人才管理决策的数据穿透流程从以下七个步骤展开（如图4-7所示）。

步骤一：提出商业问题。

著名数学家John W. Tukey曾经在1962年说过这样一句话："给正确问题一个模糊的回答，要比给错误问题一个精确答案要好得多。"

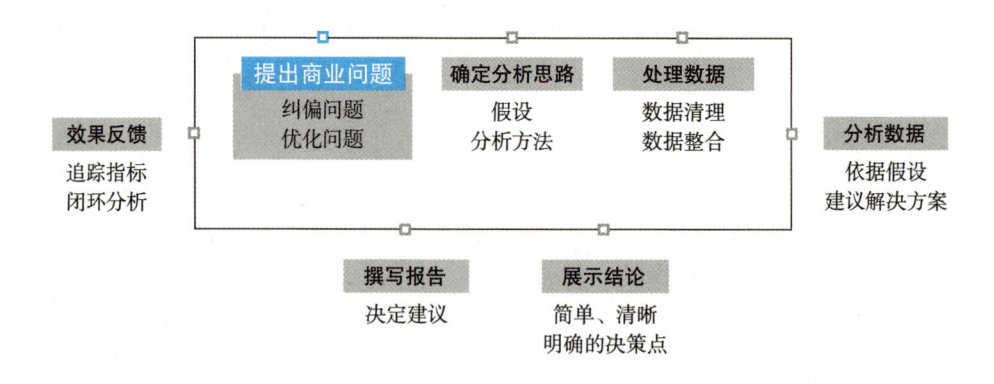

```
效果反馈          提出商业问题    确定分析思路    处理数据          分析数据
追踪指标          纠偏问题        假设            数据清理          依据假设
闭环分析          优化问题        分析方法        数据整合          建议解决方案

                 撰写报告        展示结论
                 决定建议        简单、清晰
                                 明确的决策点
```

图4-7　"诊断盒子"的数据穿透流程

虽然已经过去半个多世纪了，Tukey的观点依然没有过时，它解释了为什么人才数据分析有成为一种管理时尚的风险。大部分企业人才决策的分析往往始于数据，因为数据是可资利用的，当你知道想要表达什么时，你就会去寻找相应的数据来支撑，人才数据分析甚至可以被滥用来维持现状并推动某个特定事项。例如，"请验证我们的培训效果"这类人才发展决策，其本身没有产生新的、有见地的或增值的结果，但所有的分析案例都将调查数据与培训效果相联系。我们忍不住自问："难道分析不应该从经营挑战开始吗？"人力资源的成功在于对业务增值——通过告知如何决策业务以及创造商业成功，而不是验证已知事实。进行人才数据分析，理解管理者所关注的重点至关重要。那么，如何发现管理者对于数据分析维度的真正诉求呢？"穿上对方的靴子走一走"，想管理者或业务部门所想，最好的方法就是进行良性的互动与沟通，碰撞出火花。管理者关注的重点是什么？

第一，如果管理者的管理范畴较大，可能会关注整个团队的人员管理情况，在这种情况下，HR部门需要提供员工全景档案，让管理者可以随时查阅，并能够从业绩情况、出勤情况、工作状态和健康度等多个维度对比员工数据，而非仅看到数值，让其基础的日常管理更为便捷。

第二，从决策层面来看，团队风险度也是管理者较为关注的重点。例如，关键人才的异动情况、健康度状态、离职影响度等，若能有一些相关的预测则更有价值。

第三，管理者也会评估预算和成本，例如，用人预算和成本是否超支，团队业绩的达标情况等。

第四，部分管理者还希望通过数据看到自己团队与组织中其他团队的对比，了解自身团队在组织中所处的位置，并基于此进行本部门的调整和优化。

提出商业问题是数据分析的第一个步骤，必须优先考虑这一步，避免弄错分析对象，只有清楚地提出问题并加以界定，才可以保证分析项目是组织真正需要的，清晰地勾绘需求，让输出结果与需求的契合度更高，增加项目成功的机会。换句话说：首先定义好你试图改变什么，以及为什么要做出改变。

步骤二：确定分析思路。

分析思路是整个流程的"灵魂"所在，它是将分析工作进行细化，确保分析思路清晰、具有逻辑性，可避免出现同一个问题反复分析的情况。确定思路需要从分析目的出发，全面、深入拆解分析维度，确定分析方法，最终形成完整的分析框架。常用的量化分析主要类型有两大类，分别是描述型量化分析和建模型量化分析，二者的区别整理如表4-2所示。

表4-2 量化分析的两大主要类型

项目	描述型量化分析	建模型量化分析
应用阶段	描述分析、高级分析	战略分析、模拟预测
交付物	数量、比率、表格	因果分析、相关分析
常用统计方法	对标、趋中（平均、众数、中位）、离散（标准差）、分布（频度、正态、偏度）、回归题势线（指数、幂次）	多元回归、路径分析、跟类分析、因子分析、主成分分析
信息	·发生了什么 ·员工离职率是多少 ·共晋升了多少人 ·我们的管理幅度是多少	·如何行动 ·员工为什么要离职 ·内部流动员工是否更容易晋升？哪些因素影响了员工的敬业度

61

续表

项目	描述型量化分析	建模型量化分析
场景	·报告（内部或外部） ·跟踪目标完成情况 ·监控趋势	·制定策略 ·预测 ·解决问题
工具	商业数据分析工具 （Power BI、Tableau、Excel）	统计分析软件（Spss、Stata）
实证能找到人力资源管理的关键指标		

步骤三：处理数据。

该步骤要求找出与检验假设相关的数据，并决定数据质量是否达到可以进行分析的程度。需要决定应该汇总现有数据还是采集新的数据，或者两者都需要。需要注意的是，此步骤很容易失控。项目开始时，我们往往很清楚数据分析的意图，但是当我们开始进行数据清洗并展开初步分析时，可能会出现新的、更有吸引力的问题，需要进行进一步研究。这时我们需要提醒自己不要偏离目标，避免分散注意力，确保更好地聚焦于想要的数据。当拿到初始数据时，往往不能满足直接用来分析的要求，所以需要将收集到的杂乱无章的数据，快速、准确加工成适合数据分析的样式。

这并不是说HR专业人员需要成为数据收集或数据分析方面的专家，大多数公司已经在人力资源部门之外拥有强大的数据分析团队。HR专业人员的附加价值在于将分析结果转化为行动，以便数据得到很好的利用。

步骤四：分析数据。

分析数据的工作可谓"抽丝剥茧"，它从分析目的出发，按照分析思路，运用适当的分析方法或分析模型，使用分析工具，对处理过的数据进行分析，提取有价值的信息。在此阶段，方法论和统计学将被用于数据分析以检验假设，并且为进一步提炼结论创造条件。缺少这一步，分析项目就缺少了基石，不进行分析，就不会发现数据中的规律。在此重要节点，选择了正确的还是错误的分析方法，决定了分析结果的有效性。

同时HR部门要了解数据之间的关系，掌握相关回归、聚类等方法。这类方法可用于分析员工行为与 HR 结果数据（如绩效、满意度、离职倾向等）之间的关系，表 4-3 中列出统计学概念中一些基本的描述性的量化分析方法，可供参考与借鉴。

表 4-3　统计学概念中描述性的量化分析方法

方法	说明	举例	应用
调查	案例分析	竞争对手调查，最佳实践调查	用于分析制度、流程的案例
样本描述	样本数、事件发生的频率、不同类别占总体的比例、不同类别的比率	离职人数、女员工比例、离职率、管理幅度等	描述样本现状
趋中趋势	平均数、众数、中位数	人均销售收入、薪酬中位数	描述样本趋中趋势
离散趋势	方差、标准差	薪酬标准差	分析数据离散情况
对标	不同对照组平均值之间的差异	薪酬比率，不同区域间人均销售收入，不同公司日均销售收入差异等，同比、环比	常用于分析不同对照组均值的差异、时间序列变化
相关分析	变量之间的相关性	离职率和员工敬业度、工龄和业绩等	常用于分析数值型变量之间的关系
因果关系	时间顺序、控制无关变量	喝咖啡导致失眠，吸烟影响健康等	研究变量之间的因果关系
回归分析	数值变量之间的函数关系	业绩和员工人数之间的关系	用于建立数值型变量预测模型

步骤五：展示结论。

只有理解了分析背景以及分析结果的内涵才有可能得出结论，对于数据分析最常见的要求是"给我结论，而不是数据"。我们不能假定利益相关者能得出正确的结论，应该把得出结论作为我们的主要任务之一。对于企业高层来说，并不是为了看到这些数据，而是希望 HR 能够找出数据出现问题的根本原因，将数据反映出来的业务问题精准地识别出来，同时分析指标背后的原因、关联性等，为业务提供一定的参考。我们需要通过聚焦于提炼结论来提高决策质量。因此，可以通过提出以下问题来检验结论的重要性：

- 这个结论告诉我什么？

- 这个结论和业务问题相关吗？
- 这个结论是独特的，或只是某个熟悉话题的翻版吗？
- 这个结论清晰吗？
- 这个结论会导致什么结果？

展示结论又称之为"数据可视化"，是以简单、直观的方式传达出数据包含的信息，增强数据的"易读性"，让阅读者轻而易举地就看出数据表达的内容。HR对数据的分析和呈现，要确保业务部门能够理解。

步骤六：撰写报告。

撰写报告是指以文档形式呈现分析结果，其内容是通过全方位的数据科学分析来展现运营情况，能够为决策者提供强有力的决策依据，从而降低运营风险，提高盈利。建议报告就是步骤一至步骤五工作的总结，以文档的形式展现数据分析的"推理"过程，并得出最终的结论。

就像需要依靠数据来源提炼观点一样，我们还需要根据结论来提出建议。同时我们需要思考：如果我的结论足够重要，需要加以重点说明，业务部门需要做点什么呢？数据分析的目的是帮助业务部门提高绩效，所以虽然结论会引人注目，但根据结论提出的建议才是业务部门需要的，只有行动建议才能推动目标落地，卓有成效的建议性报告会成为推动变革的强大力量。要保证从结论中提炼出建议，清楚地描述每个建议，像撰写声明那样清晰、简洁，如"这个结论表明……，因此，我建议……"。

步骤七：效果反馈。

所谓效果反馈就是选择恰当且具有代表性的指标，及时监控报告中提出的策略执行进度、执行效果。一般第七步效果反馈完成后，还需要像第一步提出商业问题时所做的需求沟通那样，与他人沟通反馈效果，比如是否有异常、出现异常的原因、下一步动作，等等，如此反复迭代，就形成了数据分析的闭环。

至此，我们就完成了以数据驱动的人才管理问题的决策全流程：从确定分析内容、形式、结论、改进建议直至制订行动计划，采用数据推动见解和决策做出，跳出 HR 专业闭环，从驱动业务问题解决的视角，重塑人力资源价值与影响力。正如《战略分析》书中所言："要做好一个分析项目需要花费时间和精力，这意味着你需要成为系统思考者，并且要考虑从人力资源流程到商业问题的所有环节。"

如何让数据更有价值？关键要穿透数据，识别背后的问题所在，从人和组织层面分析对业务的影响，进而对症下药，用大数据的方式提高决策的速度和有效性，减少未来用人方面的风险，最终解决业务问题。值得注意的是，多数企业在了解业务需求时仅通过较为碎片化的非正式方式，这样的沟通可能使得 HR 部门无法深入地和业务部门及管理者进行深度探讨与共创，导致分析维度与业务方期待结果存在差距，基于数据驱动的问题解决流程则会让沟通变得及时、有效。

预见：数智决策（3.0 阶段）

人才管理数据应用的 3.0 阶段，需要充分利用数智技术，捕获企业经营管理和人力资源管理中的行为数据，形成人力分析的管理实践、员工能力、关键绩效驱动等多个维度的视角。这需要在 2.0 阶段的基础上引入业务数据，在不同成熟度阶段的市场数据样本中，仅有不到 2% 的企业能够实现 3.0 阶段，该阶段往往是企业基于 2.0 阶段下对未来数据运营能够实现价值的展望。

从功能上看，人力资源分析正在被其他有着更加成熟分析能力的职能替代（尤其是财务、IT 和市场）的风险，这种风险提醒我们只靠 HR 层面的预测或单独模块预测都是没有意义的，人才管理是整个企业架构的一部分，其数据应用也不会仅仅局限于人力资源系统和应用本身。人是企业的核心，所有与人的活动相关的数据，都可以纳入人才管理数据的应用范畴，通过人才数据和业务数据的整体联动，形成更具整合性的数据功能集成体系。人才管理数智化是企业经营管理与人力资源两个视角的综合考虑，不仅关注人力资源常规职能，更要上升到组织、人才、文化、机制等企业经营管理要素的分析上，依据"战略—组织—执行"的脉络从上至下地呈现组织效能与人力资本价值。

这一层面的实现需要HR部门与业务部门之间达成充分的互信与沟通。在沟通中，需要业务主动提出需求，HR部门基于业务需求与现状，告知业务部门当前哪些数据分析能够实现，哪些需要业务部门配合提供更多数据才能够实现；若业务部门无法主动提出需求，HR部门可以主动进行引导，与业务部门共同分析所要达成的绩效目标中，人员投入方面的助力点，通过数据分析为业务决策提出建议，给予业务参考。

1. 如何预见——关联

预见，即基于关键数据预见未来，将要发生什么？

如何预见趋势？答案是关联。以"组织与人才效能"为效标关联数据，判断未来的趋势，预测可能的变化，进而做出预警以及有针对性的解决方案。

效标关联效度是一个统计学术语，又称为效标效度、实证效度，指测验分数与效度标准之间的相关程度。效度标准简称效标（Criterion），是衡量测验有效性的参照标准，是独立于测验之外，能够体现测验目的的标准。测验分数与效标之间的相关程度用相关系数表示，称为效度系数。效度系数越大，测验的效度越高。因此，能否找到真实的效标是进行效标关联和效度分析的关键。

在组织层面，衡量经营质量、管理效率的经济指标有很多，如很多企业都会用到利润率、毛利率、净资产收益率等。我们认为，在数智化人才管理领域，应更关注"组织与人才效能"这一效标，也就是人效，指单位人数或单位人力成本创造的有效产出（有效产出一般指销售额、产值、利润额或净利润等）。从定义可以看出，"人效"指标综合考虑了产出规模、人数和人工成本等因素，平衡了企业短期冒进和长期可持续发展。很多财务指标可以直接衡量企业的人效情况，从企业内部管理视角来看，敬业度、管理人才晋升率和高潜人才流失率是驱动人效的关键衡量指标。将不同人力资源的数据、人才的数据、组织的数据和"人效"做关联，判断人效的趋势，预测未来人效的增长或减少。

经营和管理是一个硬币的两面，抛开经营谈管理，管理变成了无的放矢的假招式；抛开管理谈经营，经营变成了缺乏根基的机会主义。伟大的企业都善于用管理的逻辑来穿透经营，"人效"既是管理水平的体现，又是撬动经营的支点。过去，很少有企业能够选对人力资源战略，甚至很少有企业关注人力资源战略，没有将"人效"作为检验的标准，人力资源部门的工作没有检验标准，自然没有必要关注自己的战略。一旦明确了人效的经营意义并导入人效管理，人力资源部门就会审慎选择战略，各模块协同作战，打出章法。

人效指标包括人均销售额，或者人均的收入等，通常的人效指标就是指人事费用率（人事费用率 = 人工成本额 / 营业收入额 ×100%），它反映了人工成本与企业收入的占比。不同行业的人事费用率不尽相同，决策者也会关注本行业平均人事费用率水平，以此作为本企业人工成本管控的参考标准，一旦接近这一标准，往往会采取人工成本限制措施；有的企业的做法是用人力成本除以销售额，同时考虑直接成本和间接成本；此外，也有的公司会使用更加广义的效能指标，比如以人员费用占总体运营费用的比例评估人效；还有的使用人员增长率。指标确定后，就拿这段时间人员增长和公司整体的利润相比较，不仅与自己的历史数据对比，也同业绩排名前三的企业做横向对比，也会结合招聘和人才盘点去看人才的结构，当看到人均效能的数值低于参考值的时候，就可能会从人的胜任能力或者流程的角度去找原因，最后采取的方式可能是通过培训提升人的能力，或者优化流程，减少相关岗位的人数，降低人力成本。

2. 预见什么——"黄金不等式"

在人效管理上，"黄金不等式"可以帮助你思考最理想的布局方式是什么，以及如何做好对全局资源的把控。如果违反了这些不等式，企业的人效状况就需要预警。这组不等式的突出价值在于它从动态的角度考虑人工成本投入带来的收益，即人工成本投资质量。传统的成本管控视角实际上是静态的、笼统的，单纯说我们企业的人事费用率水平控制在行业平均水平线上，并不能说明企业人效水平良好。"黄金不等式"从动态收益视角、投资质量视角优化了人效指标体系。

黄金不等式一：三个人干出五个人的活，拿四个人的钱。

总人工成本占比＜利润警戒线
总人工成本增长率＜利润增长率
总人工成本增长率＜收入增长率

黄金不等式二：对人力指标增长设置目标，控制人力成本不能超过一定范围，确保人效质量。

员工人数增速＜组织收入或销售额增速
薪酬福利增速＜组织销售额或利润增速
人均薪酬福利增速＜人均销售额或人均利润增速

不等式中关键指标的设置比较容易理解，例如，人工成本增长率=（本期人工成本额－上期人工成本额）/上期人工成本额×100%；营业收入增长率=（本期营业收入额－上期营业收入额）/上期营业收入额×100%；利润增长率=（本期利润额－上期利润额）/上期利润额×100%。根据不同的行业，企业也会使用具有行业特点的产出指标来衡量人效，比如，物业管理公司可能使用人均管理物业面积（平方米），电商企业可以用人均获客数量，工厂可以用人均产品数量，等等。

如图4-8所示，在理想状况下，人工成本增长率＜营业收入增长率＜利润增长率，说明人工成本的投入会带来更多的营业收入，营业收入又带来更多的利润，持续投入人工成本可以实现效益更大化。

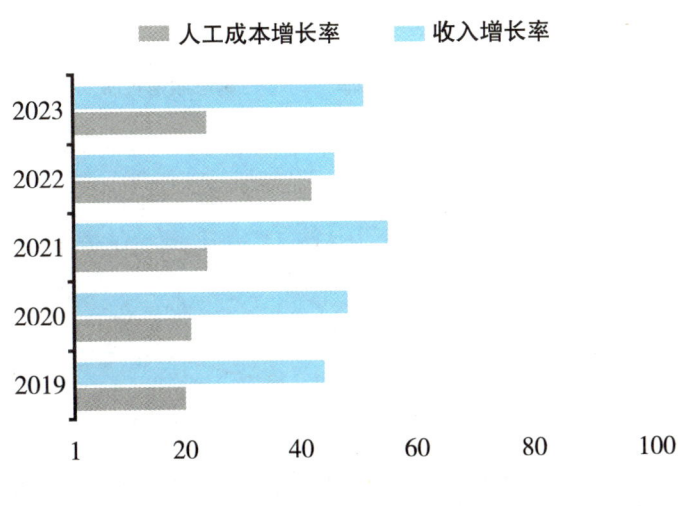

图 4-8 人工成本增长率对比收入增长率

例如，某企业当年度人工成本为 1000 万元，人事费用增长率为 10%；营业收入为 1 亿元，营业收入增长率为 20%。假定下年度增长率不变，人事费用率将从本年度的 10% 降到 9.2%，实现了人效的优化。但根据经济学边际效用递减规律，随着人工成本增速的持续提高，营业收入、利润的增速会下降。当人事费用增长率高于营收增长率、利润增长率时，此时应该要控制人工成本的投入，避免人事费用率快速上升、人效降低的情况出现。

因此，人事费用率增速与效益增速的动态收益比较，可以帮助企业把握人工成本投入的节奏。了解人员动态怎样影响财务运态，找准人力资源的切入点，以便更好地提炼评价组织人效动态的指标。有的组织之所以伟大，就在于他们能够前瞻性地用放大镜发现自己的问题，并且用坐穿冷板凳的恒心去解决。避免用发展掩盖了问题，表面上看有增长，实际上效率可能并不高，"管理变革，组织能力修炼"的意义也就在于此，不让增长趋势的"喇叭口"

放大（如图 4-9 所示），而是让它们合拢。在销售收入继续迅猛增长的同时，员工人数的增速也降下来了，严格按照"黄金不等式"的标准执行，这才意味着组织的人效进入了快车道，会迎来井喷期，它们的后续发展还会越来越好。

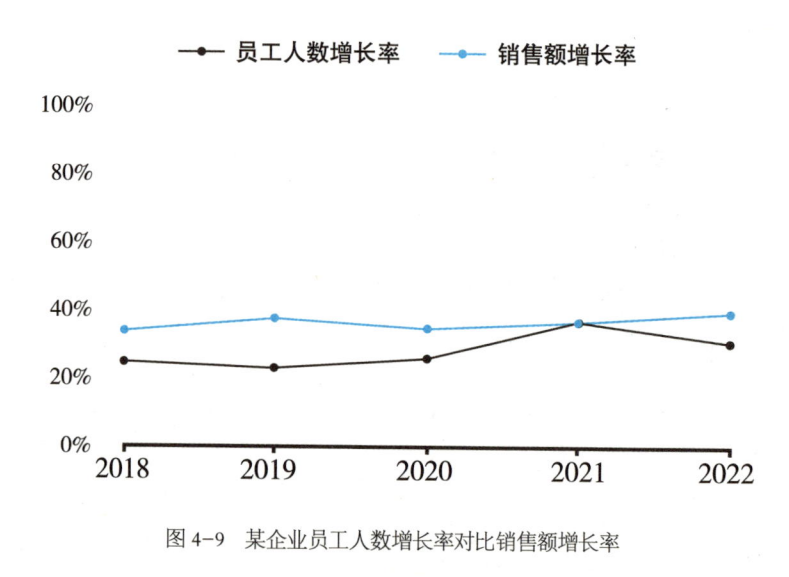

图 4-9　某企业员工人数增长率对比销售额增长率

成功的人效管理是一项组织全员参与的系统工程，并且能从经营思维出发，关注的是如何提高上限；通过不断提高人才管理的效能进而影响公司盈利水平；通过业务和职能部门在生产、销售、服务、支持等多个管理环节协同合作，不断以更高目标要求自己，才能真正做到人效提升。

最后，我们来看表 4-4，它为我们呈现了数智化人才管理三个阶段人力资源状态和地位的变化。

表 4-4　数智化人才管理三个阶段人力资源状态和地位的变化

阶段	侧重点	角度	状态	地位	业务价值
1.0 阶段	流程	静态	被动	低	小
2.0 阶段	结果	动态	较主动	较高	较大

续表

阶段	侧重点	角度	状态	地位	业务价值
3.0 阶段	价值	互动	主动	高	大

"回到商业本质，回归管理原点"，这些来自商学院的话语像警钟一样，时刻告诫管理者不要被"黑天鹅"事件扰乱思路，不要轻易相信某些"风口"现象真会被写进下一版教材，成为新理论。随着大数据、人工智能技术日臻成熟，机器或许能代替管理者做出更理性的决策，帮助企业适应复杂的环境。未来有多少管理理念、跨世经典、管理常识将会被颠覆？不论外部的市场环境如何，我们更应当着重讨论在逐渐成为管理时尚的人才数据分析形式中，什么能产生价值。

第 5 章
HR-BI

近年来，着眼于企业量化管理的组织背景，顺应这一需求的数据分析系统 BI（Business Intelligence，商业智能）工具在企业经营管理过程得到了广泛应用。根据 Gartner（加特纳）公司对 1400 名首席信息官（CIO）进行的调查，结果显示商业智能 BI 将超过安全性而成为企业首要考虑的技术问题，计划用于 BI 方面的预算普遍增加，平均增幅可达 5% 左右。目前，BI 工具无论是在企业经营分析、财务分析等方面都已经取得了不俗的实际应用表现，并拉开了在人才管理领域有效应用的理论研究和应用实践的序幕。

目前已有多家企业高薪招聘专职 HR-BI 岗位员工（高分位年薪高达百万），相信很快 HR-BI 的知识技能将成为人力资源从业者的标配技能。本章节一探究竟，颇为神秘的 HR-BI 到底是什么？以及从 HR 的视角如何进行技术实现？

数据很多，信息却很少

要了解 HR-BI 是什么，我们首先要了解 BI，即商业智能，又称商业智慧，指用现代数据仓库技术、线上分析处理技术、数据挖掘和数据展现技术进行数据分析以实现商业价值。这个概念近几年随着计算机硬件的高速发展不断被推向商业管理的制高点。如今无论是互联网巨头还是体量较大的实体制造业都离不开这个概念。抖音视频的推送机制、淘宝商品的展示逻辑、制造业企业的数智化管理等都是遵循着这个准则。其实这个概念早已有之，最早记录者是 IBM 的研究员 Hans Peter Luhn 在 1958 年就用到了这一概念。他将"智能"定义为"对事物相互关系的一种理解能力，并依靠这种能力去指导决策，以达到预期的目标"。之后在 1996 年加特纳集团（Gartner Group）更全面地提出并定义了商业智能，加特纳集团将其定义为："商业智能描述了一系列的概念和方法，通过应用基于事实的支持系统来辅助商业决策的制定。商业智能技术提供了使企业迅速分析数据的技术和方法，包括收集、管理和分析数据，并将这些数据转化为有用的信息，然后分发到企业各处。"

HR-BI，是将与人有关的大数据借助 BI 工具的梳理，最终传递到行动载体（人）的一个过程。即将企业中各种各样的数据进行收集、汇总、分析，根据企业不同的人才应用场景，形成各式各样的报表，帮助企业决策者提供人才决策依据，并做出合理的决策。

展开而言，HR-BI 是使用数据仓库、数据分析以及数据可视化等技术，将企业各平台的数据经过数据分析转化为信息和知识的解决方案，满足企业不同层级人员对数据查询、分析、探索的需求，实现企业对人才的检测和洞察，从而支撑企业经营管理决策，提升企业管理能力。

BI 系统的产生源于"Rich data, Poor information"这么一种现实，即通过企业目前许多信息系统产生了大量的原始或经过简单加工的数据，但在支持企业经营综合分析和管理决策时，却显得非常无力。数据终究只是碎片的信息，并不能真正实现价值。这些数据来源太广，格式不统一，并且其中极少量的数据记录格式不正确；同时，累计的数据量相当庞大，但许多细节对高层管理人员来说并不重要，他们需要快速、全面地掌握企业的人才管理全貌，企业的管理者想知道人力配置是否平衡，人员结构是否健康，绩效和薪资分布是否合理，人力成本是否连年趋高等，诸如此类综合、全面、宏观的信息支持，才是领导们关注的对象。而这些信息通过传统的报表都很难做出洞察，原因无外乎如下几点：

- 数据量庞大、分散，高层管理者无法快速、全面地掌握企业的人资管理全貌，因而也无法直接得出科学决策。
- 人力资源数据相对独立，仅仅反馈人事部门的问题，无法与业务结合，没有形成一个闭环管理系统。
- 目前传统的报表仅关注企业内部数据，缺乏标杆以及市场参考，即使有了数据也不知道是好是坏，无法帮助企业找准自身位置。
- 数据处理面临较大的难度，尤其是数据建模等工作，需要专人处理，耗费大量的时间与人力成本。

当数据的数量和复杂度超过了传统报表的范围，企业不得不考虑启用新的工具来帮助他们获取更准确有力的"Information"，而不是一堆讲不出故事的"Data"。

打破僵局的 HR-BI

在企业信息化程度普遍提高的趋势下，许多管理比较先进的企业都纷纷引入了人力资源信息化的概念，建立了自己人力资源管理系统 EHR 或 HRMS，并利用信息管理系统进行了大量的统计分析和报表管理操作。HR-BI 作为人力资源信息化的一个有效组成部分，其实现方式主要包括了统计查询、经营分析指标和水晶报表，因而一般意义上来说，EHR 系统报表分析功能基本都可以通过 BI 系统来实现。区别于以结果展示为主的报表系统，BI 的突出功能在于通过数据仓库，对数据进行多维分析与深度钻取，并通过灵活多变的、丰富的展现形式给予展示。

传统的人力资源模式主要是以事为中心，数智化的人力资源管理则是以人为中心，将人才的基础数据、评价数据、绩效数据进行整合，利用 BI 的数据分析和数据可视化的技术形成人才管理的看板，帮助管理者做出科学的决策。因此，对于一般 HR 业务过程数据和通过 EHR 系统简单加工可以实现的统计功能，以及常规的人事报表（年报），可以统一由 EHR 系统来实现；对于需要建立数据分析模型，并利用数据仓库进行数据整合的对数据展现要求比较高的指标或者指标集合（报表），则主要通过 BI 平台来实现。我们来看看它在实际应用中可以为企业带来哪些价值。

提炼重点数据，指导管理

HR-BI 能够从海量人力资源数据中提炼出与业务相关性最强、最能直击痛点的指标，包括人力配置、人力效能、人才招聘、员工绩效、薪酬福利等多个模块，通过对于人力资源管理多个维度的精细化分析，充分发挥数据的指导性作用，帮助企业未雨绸缪。例如，当企业管理者意识到某地区员工流动率明显变高，可考虑调研当地员工，了解相关情况，适当增加激励性员工政策，避免大规模的员工流动给企业业务发展造成影响。

这种功能能够支持集团型企业总部对各下属分支机构的人力资源管理过程进行及时有效的指导与管控，确保总部制定的人力资源规划能够逐级得到有效监控并最终落地执行。

贴近业务，打破数据边界

HR-BI 能够拓展人力资源数据的边界，将人力资源与业务场景深度结合，打通财务、运营数据，进而了解企业人工成本占总体运营成本的比例、人力成本利润等核心信息，挖掘人力数据在业务中的战略价值，实现人才规划与决策量化管理，及时直观地支撑企业战略发展。

动态、多维、体系化定位问题

HR-BI 能够通过实时数据、数据同比、数据环比等方式更及时发现企业的管理问题，而且能从更多的纬度、更细的颗粒度直接定位问题，将整体数据与明细数据联动，逐层下钻到最明细的数据，发现与探索异常情况的根本原因。

这将夯实完善人才管理的评价系统，对人力资源管理职能的有效性、员工队伍与能力建设、员工士气以及人力资源的投入产出等进行量化评价，并成为企业绩效管理的一个有效组成部分。

HR-BI 实现：两个基础、三层框架和四步流程

数智化人才管理的基础就是要搭建一套数智化的 BI 平台，有了 BI 平台就有了数智化人才管理的载体，我们将其技术实现的过程通过"两个基础、三层框架和四步流程"展开。

两个基础

企业满足什么基础条件才能够实现 BI 系统？

首先，企业要有数据基础，没有数据基础是没办法做的，即使做了也是一个空壳子，只是好看没有实际的应用。

其次，企业需要明确希望通过 BI 系统解决什么问题，企业可能需要 HR 部门通过系统提醒或看板展示以下方面：组织架构的变化有哪些？人才地图分布在哪里？如何排兵布阵？所需的关键人才在哪里？哪些员工最有潜力？哪些人才是组织中的承重墙？哪些是将、哪些是帅？只有清楚我们需要解决什么问题，才知道要分析哪些数据，哪些数据可以进行关联分析，如果如希

望呈现人才的宫格落位就需要绩效数据和评价数据（能力评价或者潜力评价），如果需要分析人效和钱效，那就需要有人的营收、利润、投入与产出等。

满足了这两个条件，就可以利用 BI 技术，实现人才数据的可视化，实现对人才与组织的"看见、洞见、预见"，看见问题，洞见本质，以及预见未来，真正意义上实现以人才驱动组织战略的发展。

三层框架

按照数据处理过程，BI 系统的功能框架和主要技术可以从三层框架进行分类和解构。

功能架构如图 5-1 所示，可分为数据底层、数据分析层和数据展示层三个功能层级。其中数据底层负责管理数据，包括数据采集、数据 ETL（抽取、转换、加载）、数据仓库构建等；数据分析层主要利用查询、联机分析处理（OLAP）、数据挖掘、数据清理，以及数据可视化等分析方法抽取数据仓库中的数据进行分析；数据展示层用于将数据分析的结果用可视化图表进行展示并最终形成数据看板。

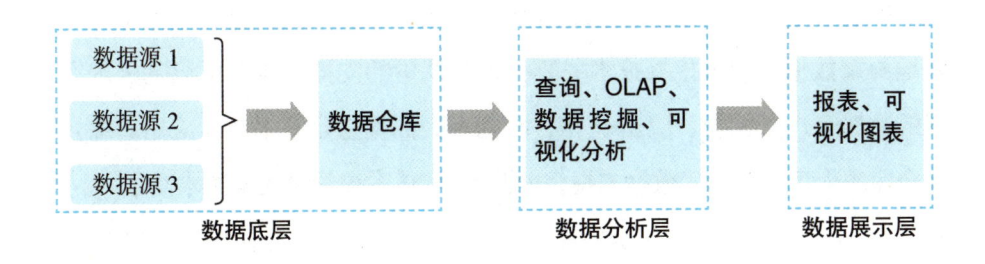

图 5-1 BI 系统的功能架构

参照 BI 系统的功能架构，BI 的主要技术也分为支撑类、分析类和展示类三个层级（如图 5-2 所示）。

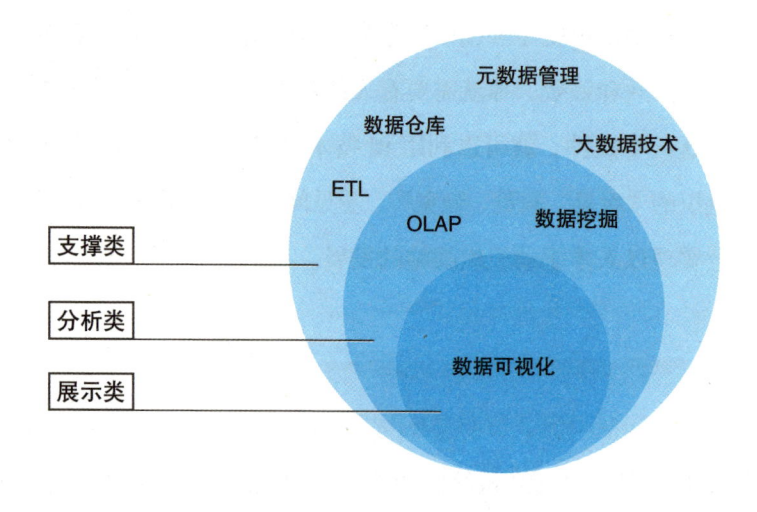

图 5-2　BI 的主要技术

1. 展示类技术

BI 最核心的技术就是展示类技术，抛开不同企业数据的量级不同以及数据分析的深度不同，数据可视化技术都能够完成 BI 的目标，即将数据转化为信息支撑管理决策。数据可视化技术能够将各式各样的数据用适合它的图表进行展示。

2. 分析类技术

OLAP、数据挖掘等分析类技术能够对现有数据进行分析，帮助企业更深入地洞察数据。数据挖掘技术需要一定数据量的支撑，企业可以基于现有系统的数据来进行挖掘，应用于 BI，不能等到数据量足够大时才应用。综合我国企业的信息化现状，数据挖掘目前并不是 BI 系统的最关键技术需求。

OLAP 主要关注多维数据库和多维分析。OLAP 委员会对 OLAP 的定义是：使分析人员、管理人员或执行人员能够从多种角度对从原始数据中转化来的、真正为用户所理解并真实反映企业特性的信息进行快速、一致、交互的存取，从而更深入地了解数据的一类软件技术。

3. 支撑类技术

支撑类技术包括 ETL、数据仓库、元数据管理和大数据技术等，用于管理繁杂的、不断增长的企业数据，为整个 BI 系统提供持续的、强力的、稳定的支撑。

ETL 就是三个阶段抽取（Extraction）、转换（Transformation）、加载（Loading）。从不同数据源抽取数据，按照一定的数据处理规则对数据进行加工和格式转换，最后处理完成输出到目标数据库的过程。目的是将企业中零散的、不标准的、不统一的数据进行整合，并输出标准的统一的数据源，为企业决策提供数据依据。实现 ETL 的方法主要有两种，一种是通过编程语言去实现，但是门槛较高，对程序员的技术要求也比较高。另一种是借助 ETL 工具去实现，这种方式比较灵活，而且图形化的界面让整个过程清晰可见，现在大部分有数据仓库需求的企业采用这种方式。

数据仓库可以看成是 BI 的基础版本、数据库的升级版本，其本质就是整合多个数据源的历史数据进行细颗粒的多维分析，帮助企业管理者或者业务分析人员做出商业战略决策或者提供商业报表。数据仓库的出现并不是要取代数据库。大部分数据仓库还是用关系数据库管理系统来管理，数据库、数据仓库会相辅相成。

元数据（Metadata）又称中介数据、中继数据，是数据的数据，在数据平台中借助元信息的收集、汇总和传递，将数据平台各个模块整合起来。主要用于识别资源、评价资源、追踪资源在使用过程中的变化，实现对大量网络化数据的管理，实现信息的发现、查找和对使用资源的有效管理。由于元数据也是数据，所以可以用类似数据的方法在数据库中进行存储和获取。

大数据技术（Big Data）具有 4V（Volume 规模性、Variety 多样性、Velocity 高速性、Value 价值性）特性。大数据技术是多种技术的集合，包括数据采集、数据预处理、数据存储、数据分析等相关技术。

四步流程

建立一套高效、完备的 HR-BI 系统，其过程并不会一帆风顺，上述概念清晰后，结合实践经验，我们建议从"定义决策场景、数据建模、界定数据源、可视化呈现"四步流程展开具体的搭建工作。

1. 定义决策场景

企业每天甚至每时每刻都会产生数据，每条数据都有可能包含大量的信息，一条数据用到不同的地方，往往就会有不同的价值和意义。因此，在实现 BI 之前，企业首先要明确业务场景，有了业务场景才知道我们需要哪些数据。BI 可以应用于各种业务场景或者部门，人力资源、销售、财务等部门，都可以利用 BI 系统，HR-BI 正是 BI 在人才管理决策分析过程中有效应用的工具。建立 HR-BI，就是建立起企业科学的人才管理评价体系，从根本上改变人才管理仅仅依靠经验与感觉进行决策的现状。通过对人才管理工作的量化分析，找到企业在人才管理上需要解决的问题，进而能够找到不断调整与优化的方向与策略，更好地支持业务发展，真正适应企业整体发展战略的需要。

我们通过两个真实的企业案例帮助大家更好地了解 BI 的应用场景。

案例一：某大型互联网公司想要对企业的人才结构进行分析，使用 BI 系统对企业的员工进行不同方面的分析，按层级、学历、年龄、绩效、能力等方面进行可视化呈现，通过不同的方式以及各个方面的交叉分析、动态呈现，帮助企业决策者实时掌握组织人才的现状。同时，系统还会按照企业设置好的规则对不匹配的人才结构进行预警，让企业决策者能够第一时间发现问题，可以在第一时间做出反应，避免了因人才断档导致企业运营出现问题（如图 5-3 所示）。

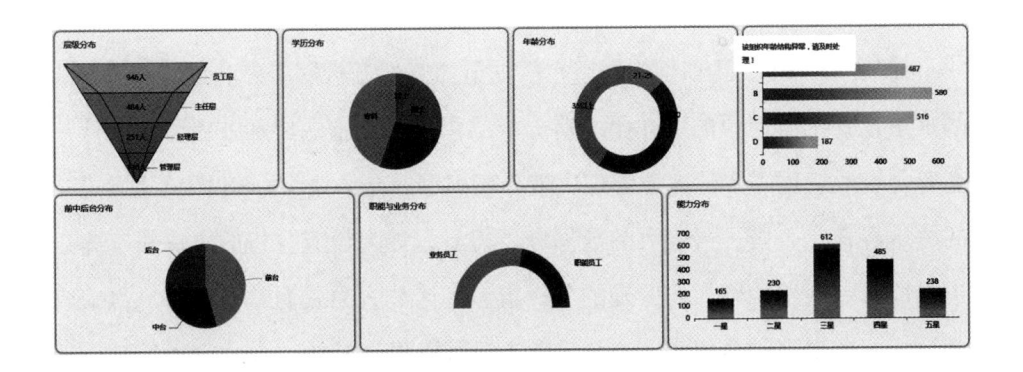

图 5-3　针对企业的人才结构进行分析

案例二：某家电行业龙头企业，借助对员工 360 度的全方位数据分析，洞察员工是否符合目前岗位的要求。如果不满足，具体是哪些方面，是能力方面，还是动力方面，BI 系统都会给予全面呈现。当员工出现不足时，BI 系统也会提供预警，并给出相应的解决方案。而当我们有了岗位空缺，或者某个具体的项目需要挑选员工时，管理员只需要输入关键词就能智能匹配员工，并可视化呈现不同员工之间的对比分析图（如图 5-4 所示）。

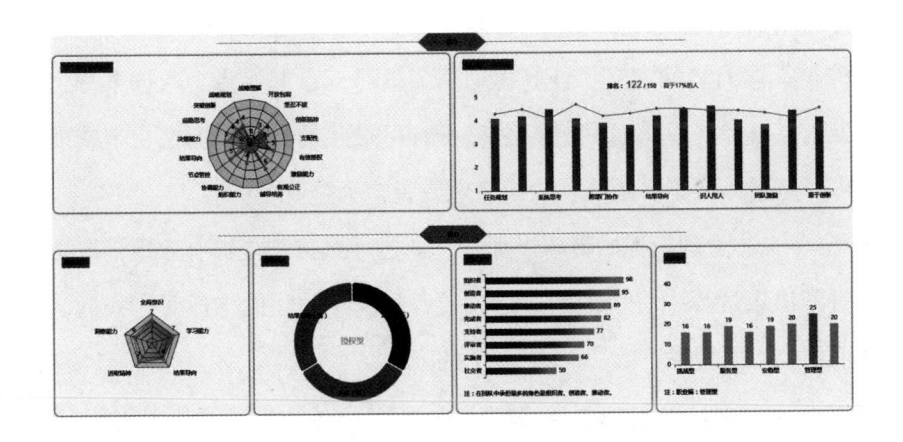

图 5-4　企业对员工进行 360 度数据分析

2. 数据建模

任何一种 BI 工具都是依据用户事先定义好的分析模型来对数据进行灵活的加工，并按照用户的展现要求对分析结果进行丰富的展示。因而，设计一套符合企业管理需要的人才管理决策分析模型，是企业 HR-BI 系统建设成功的关键内核。否则，再强大的数据分析工具，如果没有分析的方法作支撑，也是徒劳。通过构建人才管理的分析模型，诸如人力资源效能分析、组织管理分析、员工培训分析等，企业 HR 部门可以根据具体的人才管理场景，选取其中的模型，比如人均利润率、人均管理成本等指标，以及不同时间区间内的指标变动情况。在员工关系分析模块，还可以实时地显示员工入职与离职数据、岗位分布等常规数据。

人才管理决策分析模型可以有多种形式，比如，指标模型、指数模型、分析主题模型等，其中最常用的是指标模型。指标是一个数值，能够体现出企业中某一领域绩效的优良程度，并为对何种绩效进行评估提供参考。指标的表现形式通常为百分比（例如人力资本投资回报率、员工流失率等）或者总量（例如人工成本总额、人均净利润等）。而所谓指标模型则是指企业从自身经营与管理的需求出发，提炼出能够量化评价企业人才管理绩效的指标项，并将所有指标项的相关信息予以界定。一项完整的指标定义应该包括指标名称、具体内涵的定义、计算规则、绩效目标、起始点、数据来源、历史绩效及支持文件，同时这一指标必须具有可量化的特征。拥有一个或多个指标的可以是个体员工、团队、一线经理或者整个企业。

（1）人才管理指标的提取。那么，通过什么方法能够有效地提取出企业人才管理决策过程中有价值的指标，或者是领导关注的指标呢？我们认为可以从下几个方面着手：

- 人才管理职能的要求，这是指标设立的根本目的。
- 企业领导层关注的人力资源业务方向，比如，领导经常会问目前公司的员工队伍情况如何等问题，人力资源部门要回答这个问题，必然需要从员工队伍的总量、结构和能力等方面来分析，从而可以提取出人员总量、人员结构分析、能力岗位匹配度等指标。

- 人力资源管理各项职能的工作要求或者绩效评价标准，比如，某些企业对人力资源部门的绩效考核指标，这些指标的数据来源将成为提取人才管理指标的一个方面。
- 日常使用的统计分析报表，比如，一般的企业都会有人事报表，其中包括员工队伍的人员分布结构等，由此可以提取出人员结构等指标。
- 企业其他部门或业务人力资源管理的关注点和要求。

（2）指标基准的选取。指标的计算结果如果不与标杆进行比较分析，则只能反映一种状态，而不能反映该指标的内涵，也就不能对人才管理的风险进行早期识别预诊断，并开展预警预控管理。这就需要我们定义企业指标的基准，作为衡量或者说参考的标准值。对基准值的定义，一般采取两种途径：国内外标杆企业的实践值和根据企业自身的情况进行分析，即外部标杆和内部基准。

外部标杆根据数据范围分为四种类型：国内各行业通用标准、国内行业标准、国际各行业通用标准和国际行业标准，我们需要在实践过程中针对各个指标的内在属性来确定要采用哪一种基准原则，比如，人均人工成本，由于人工成本受企业的外部经济环境、国家劳动法规、行业水平、企业经营状况和企业发展战略等因素影响，具有很强的区域性和行业性特征，因此要使该指标具有可比性，一般采用国内行业标准来设置标杆。

内部基准则包括内部经验值和内部趋势比较两种设计思路，这两种思路适用于不同的指标类型，比如，编制控制率，这一指标是没有外部可比性的，取决于人力资源专业人员在企业最近几年执行情况的基础上得出的经验值。

事实上，国内外标杆企业的实践值往往只能作为参考，因为即使行业相同，但企业的内外部环境往往差异较大，只有根据自身的实际情况进行综合分析，才能制定非常适合自己的基准值；指标基准值的分析过程，本身也是促进企业人力资源精细化管理的过程。

此外，指标标杆值需要根据企业的实际经营管理现状进行调整，一般是一年审计一次给予调整。所以，企业采取什么类型的标杆，取决于指标的具体内涵。一般通用类指标可以采取通用标准，而对于具有行业特征的指标，则建议采用行业标准；对于无法取得或者不适合采用外部标杆的指标，则根据企业内部基准来设置。

3. 界定数据源

要搭建企业人才管理体系，需要对于企业目前的人才数据进行梳理，这些数据可能广泛来源于EHR系统、办公自动化系统、财务系统，以及部分的行业数据。HR-BI平台通过对不同类型的数据库的梳理、整合，企业可以建立起统一的数据仓库或者数据湖，为进一步的数据分析奠定基础。指标的数据来源就显得尤其重要，否则再好的指标模型也无法通过系统展现出来。

同时，我们还需要对数据的统计口径进行明确界定。由于不同的管理者往往对同样的指标有不同理解，导致统计口径有时候难以统一。这就要求通过深入访谈与分析，在企业内部形成一致的统计口径，对同样的指标进行统一的定义，保证数据的有效性，比如总人数，是指哪几类人员属性的员工，是统计期间的期初、期中、期末等，都需要一一给予清晰界定，不可有半点含糊之处。

数据源在技术实现上主要有"接入、清洗"两个关键环节。

（1）数据接入。数据源根据数据的时效性不同可分为离线数据和实时数据；企业数据源往往存储在不同的系统中，数据源的选择通常会基于我们的业务场景，业务需要什么数据我们就从什么系统中去获取数据。比如人才的基础数据存储在EHR系统，财务数据存储在财务管理系统，绩效数据存储在绩效管理系统，评价数据存储在测评系统，基于我们的业务场景，我们要从不同的系统获取数据。不同平台的数据有自己平台的规则属性，如何把第三方平台的数据存储到 BI 系统呢？

数据库直连：BI 系统通过 IT 技术配置目标数据库的参数直接连接目标数据库，然后通过读取目标数据库的数据应用到 BI 系统。这种方式一般使用在 BI 系统的本地化部署，让 BI 系统数据连接到企业内部，企业各系统之间实现数据库共享，通过数据库直连技术就可以获取 BI 系统想要的数据。

中间件连接：通过第三方平台把 BI 系统所需要的数据存储到中间件中，BI 系统直接访问中间件获取数据，然后将获取的数据存储到 BI 系统自己的数据库。这种方式可以减轻第三方平台数据库的压力，同时也一定程度上保护第三方平台数据库的安全。

数据接口对接：通过不同平台直接提供接口对接数据，BI 系统提供一个数据接口，用于接收第三方发来的数据，并提供接口文档给到第三方平台，第三方平台按照 BI 系统提供的接口文档的要求发送数据到 BI 系统接口地址，然后系统对数据进行存储。

Excel 表格导入：通过 Excel 表格导入的方式，从第三方平台下载数据保存成 Excel 表格，然后再把下载的数据导入 BI 系统，也可以实现数据获取。

手动录入：仅限于对少量人员数据进行更新。

（2）数据清洗。不同平台的数据往往有自己的数据结构，所有数据汇总至 BI 系统，就需要我们进行清理再加工。数据清洗是整个数据分析过程中不可缺少的一个环节，其结果质量直接关系到模型效果和最终结论，目的就是删除重复的数据，纠正错误的数据，保持数据在系统内的一致性。

元数据来源于不同的系统，首先要了解不同系统对数据的结构，包括字段解释、数据来源、代码表等一切描述数据的信息；其次要选取一部分数据，通过对这些数据的直观查看，发现其中的规律，排查出可能存在的问题，为之后的数据清理做好准备工作。展开而言，包含以下具体动作：

- 去除不需要的字段。从其他平台获取的数据可能有一些是我们不需要的，那么我们需要将不需要的字段删除。
- 重新取数。如果某些指标非常重要但缺失率高，那就需要向取数人员或业务人员了解，是否有其他渠道可以获取相关数据。
- 去重。对来自不同系统的数据进行整理，去除来自不同系统之间重复的数据。
- 修正矛盾内容。比如说在一个系统中某个人的身份证号是411123××××××，但在另外一个系统中存储的是年龄字段，如果年龄字段没有与身份证保持联动，那年龄永远都是18岁，那就需要重新根据身份证号修正年龄。
- 非需求数据清洗。有些时候第三方平台为了减少工作量，不会按照BI系统需要的数据接入数据，而是在某种程度上会多给数据，这时候我们就需要把多余的字段删除。但需要注意的是，有一些现在用不到，但后面有可能用到的数据不要删除。
- 关联性验证。多方数据的整合本身就是一个比较复杂的工作，关联性验证也是必不可少的一步，通过关联性验证，我们也能确保我们拿到的数据是否为有效的数据，避免在数据分析时出现矛盾，导致结果不准确。

4. 可视化呈现

可视化呈现就是将数据转换成图或表等，以一种更直观的方式展现和呈现数据，将我们难以直观理解的数据通过图形化手段进行有效表达，准确高效、简洁全面地进行信息传递，挖掘数据背后的价值。

在最终的呈现上选择图表至关重要，图表的种类有很多，一旦选择了错误的图表，就不能准确表达出数据本身的含义，导致做出错误的决策，所以选择图表之前需要明确不同的使用场景。

（1）折线图。折线图可以用于显示一组数据在一段时间内的变化，它的特点就是反映数据随时间变化的趋势，从而观察数据是否符合要求，如果不符合就需要做出进一步的处理（如图 5-5 所示）。切记，折线图的数据不能只有一个数据，需要以大数据量为基础才能观察出数据趋势。

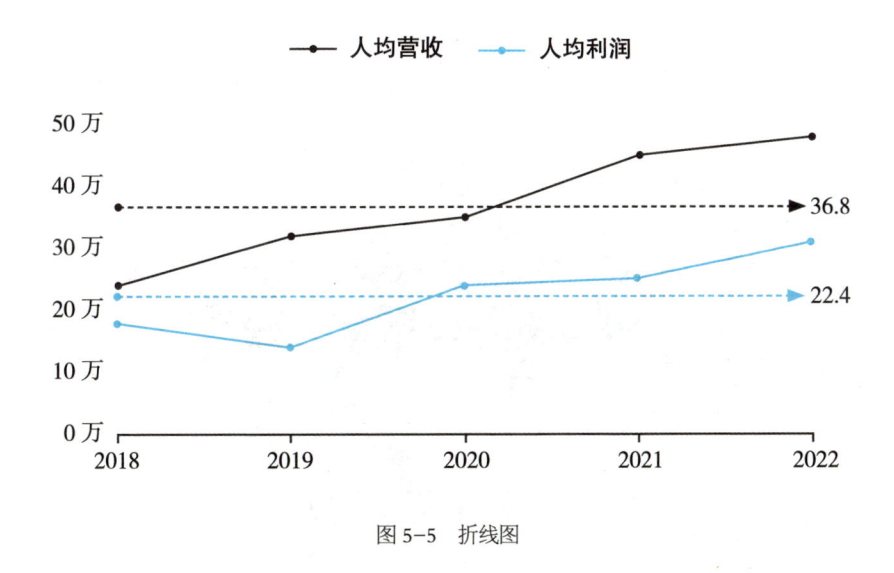

图 5-5　折线图

折线图不仅仅可以放一组数据，也可以多组数据放到一起进行比较，如图 5-6，人均营收和人均利润放在一起对比，就可以发现两者之间的相互影响，从图中我们能看出人均营收高进而带动人均利润也升高。这里我们需要注意一点，数据组数最好不要超过五组，数据组数越多，数据量就越大，图表显示就会越复杂。

（2）柱状图。柱状图通俗理解就是用柱子的高度来表示数据的大小，进而比较不同数据之间的差异，从图形的高低一眼就能看到数据的大小。一般来说，柱状图的横坐标为时间轴，纵坐标为数据轴。除我们举例的柱状图之外，还有横向柱状图，也就是我们所说的条形图，柱状图通常用来呈现变量的分布，而条形图经常用来比较变量；柱状图将数据按照一定的区间分组，而条形图则将数据分类。

柱状图除了单独使用外，也可以和其他图形进行组合，如图 5-6 所示，将柱状图与折线图混合使用。

图 5-6　柱状图与折线图混合使用

（3）饼状图。饼状图的整个图形是一个圆饼或者圆环，由若干个扇形区域组合形成圆饼，一个扇形代表一个数值，扇形的大小决定了数值的大小。

通常在某一组数据下，有多个数值，我们需要分析每个数值在这组数据中占比多少，这时采用饼图是最合适的。比如说我们要了解各个年龄段员工或者不同学历层次员工在公司人群中的占比，就可以采用饼状图（如图 5-7 所示），从图中很直观地就能看出专科和 35 岁以上的员工占比较大。

饼状图除了普通的圆饼和圆环饼图外，还有南丁格尔玫瑰图、嵌套环形图，还可以与折线图或柱状图联合使用。

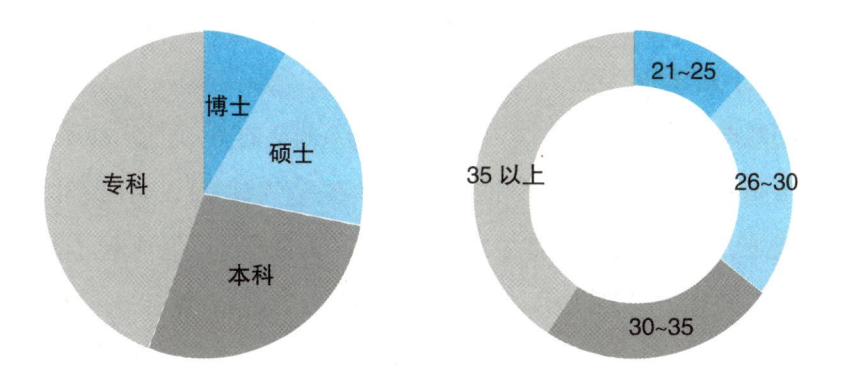

图 5-7　饼状图

（4）雷达图。可以在同一坐标系内展示多指标的分析比较情况。它是由一组坐标和多个同心圆组成的图表（如图 5-8 所示）。雷达图分析法是综合评价中常用的一种方法，尤其适用于对多属性体系结构描述的对象作出全局性、整体性评价。雷达图适合多维度分析（三个及以上），且每个维度的数据都是有序的。

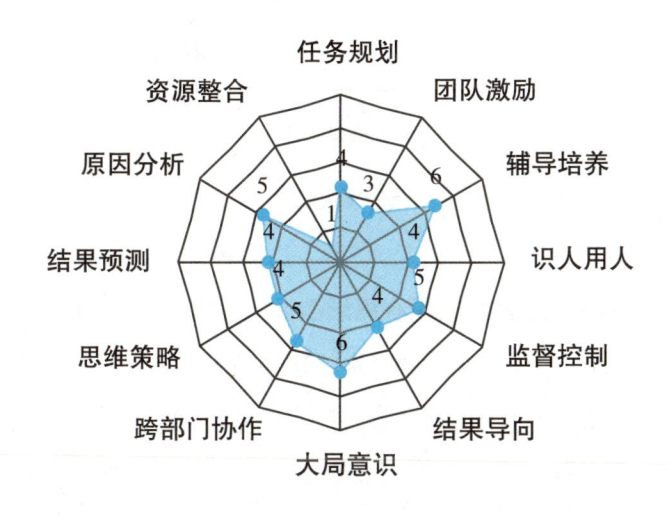

图 5-8　雷达图

89

图 5-8 为某员工能力评价的结果，面积越大说明能力越强，也可以看到哪项能力强，哪项能力弱。

（5）散点图。顾名思义就是由一些散乱的点组成的图，这些点在哪个位置，是由其 X 值和 Y 值确定的，所以也叫 XY 散点图。我们可以通过图中点的分布发现问题。如图 5-9 是共性短板和关键差异的散点图，企业通过散点图的分布就能找到企业的待发展指标，然后将待发展指标付诸实施。

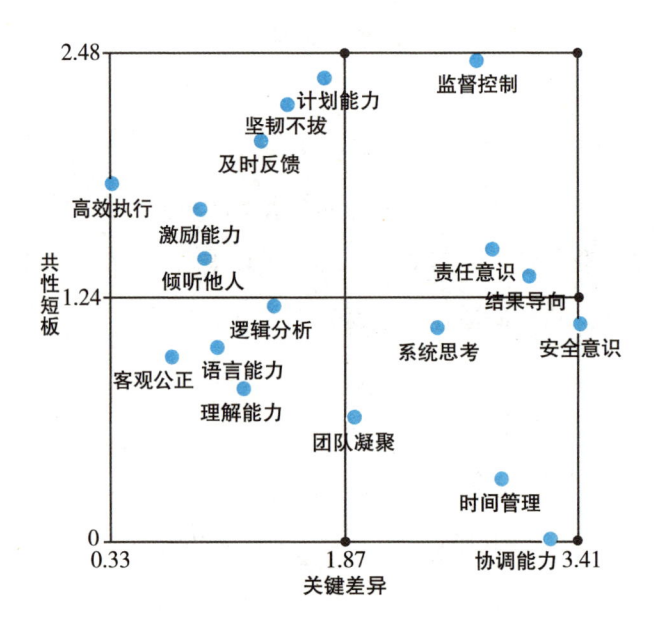

图 5-9　散点图

除了以上常用的图表外，还有树形图、关系图、流程图、路径图、仪表盘等其他类型图表。基于不同的数据选择适合的图表，然后对图表进行配色，最终形成企业看板。以数据图表的方式直观地显示数据变动情况，支撑人力资源部门以及高层管理者更清晰地掌控公司内部人才管理的全貌。在实际设计过程中，我们还需要注意在展现形式上一般遵循以下原则：

- 比较原则：需要通过内部数据同比、环比或外部数据的对比，形成分析结果，才具备决策支持价值。
- 简单原则：操作逻辑清晰，并建立人力资源关键指标收藏夹，将常用指标收藏起来，避免反复输入条件。
- 关联原则：相关指标应该在一个界面上集中展示，可以图表结合。
- 推送原则：对一些关键指标采取实时动态监测，从数据索取变为数据推送，并提供管理仪表盘（Dashboard）与预警功能。
- 此外，报表工具还将与企业门户或人力资源门户集成起来展示，以有效增加用户对该系统的使用频度。

选择多维度、多样式的图表，才能从多角度支撑汇报结论，否则工作汇报就会空无一物。图文并茂的汇报展示，帮助受众快速接收有效信息。在没有使用 BI 前，系统数据源比较复杂，使得 HR 很难分清楚每个数据源的作用，这也导致一次性配置出符合预期的报表成为一件门槛很高的事情。BI 工具作为专业的分析工具，具备丰富的展现功能，但每项指标采用什么展现形式，各种结果如何组合展现、如何存储，如何展现才能既体现数据的内涵、增加数据丰富程度，又美观大方，都需要在指标模型设计时进行人性化、实用化的界面设计，以取得最好的效果，同时界面设计将直接指导 BI 工具技术人员的开发工作。

BI 的核心价值在于满足企业不同层级人员对数据查询、分析和探索的需求，从而为管理和业务提供数据依据和决策支撑。企业数智化转型要立足于企业本身要解决的问题，让企业由经验驱动决策向数据驱动决策转变。BI 是实现智慧决策的第一步，推动组织内部的管理决策模式由"粗放式"向"精细化"转变，这个过程中，BI 将企业内部的数据分析方法、成功经验进行总结形成知识库，通过知识共享沉淀的方式优化业务流程，提高企业业务发展效率，提升整体的组织能力。处于数智时代下的 HR 部门需要积极投入到这场转型浪潮之中，尽快从事务管理升级至数据管理，为管理者提供更有价值的战略决策支持。HR-BI 就是将驾驭数据的工具放在人力资源管理者手中，帮助企业在未来到来之前看到未来。

| 第 6 章 |

数智化 IT 系统

在过去的几年里，各大企业的信息化应用在不断快速发展，陆续建立了 EHR 系统、绩效管理系统、招聘管理系统、OA 系统以及财务管理系统等。这些系统在各自的使用过程中积累了大量的结构化数据和非结构化数据，这些数据在清理、处理、提取、保存、标签化等加工过程中，会发现缺少很多具体的场景数据，这就需要反刍到系统完善优化上，哪里需要数据埋点搜集，就该补的补，该建设的建设。系统和数据就形成了相辅相成的关系，系统沉淀数据，数据反刍系统迭代，推动螺旋上升，互相促进。

但各系统之间的数据很难实现共享，更无法做到集中管理；同时各系统平台之间数据结构不一致，数据交互和数据获取也比较困难，自然就无法实现数据之间的深度分析。这就需要通过数智化 IT 系统平台实现数据整合，在确保集团及各业务部门数据隐私和安全的前提下使用数据，充分发挥数据在企业中的价值，建立统一的数据视图，基于可信的数据进行多维分析和数据挖掘，促进业务的集成和协作，为业务创新创造有效的条件。在这样的大技术背景下，数智化管理平台在企业人才管理中的重要性不言而喻。数智化人才管理不是一套系统就能解决问题，如何正确地使用系统，使系统变成利器，为企业保驾护航逐步成为人才管理工作必备的关键能力。

HR 系统架构师的三大理念和三大原则

BANI（脆弱性、焦虑感、非线性、不可理解）时代的到来，让不确定性因素增多，企业面临着越来越复杂的挑战，这也更加契合当下"战略人力资源管理"的阶段定位。该阶段的典型特征是人力资源部门逐渐成为业务部门的战略合作伙伴，其目标是支撑公司战略的实现，围绕组织、人才、文化来支撑公司的企业战略，实现业绩增长。技术赋能人力资源，人力资源通过技术手段扩展边界，已成为共识，未来需要更多的科技型人力资源。但现实情况是，在数智化过程中，HR 部门不断抱怨 IT 部门无法真正理解人才管理的核心需求，不能和人力资源一起创造价值。不得不承认，目前这种两个团队、两种职能的分工形式，很难将技术思维与人力资源的业务思维融合，要求这两个相互不理解的团队为数智化人才管理的目标共同努力，其实很难。HR 部门和 IT 部门，其各自的价值在哪里？要找到这个问题的答案，我们不能只用技术眼光去看系统的建设，也不能单纯从人力资源领域的知识去解读系统建设，任何单一维度的观察只会让结论偏颇。

毋庸置疑的是，企业需要将新技术嵌入人才管理的实践，以创造更高效的人才管理流程，这种技术创新不但能实现 HR 本职工作的价值增值，还能创造出更适配数智时代下的人才管理理念和手段，实现其与业务的联结，重塑人才管理业务流程，推动敏捷创新，构建一个全感知、全链接、全场景、全智能的数智平台，真正参与到企业的业务运作中。通过大数据分析、预测预警、辅助决策，助力数智化转型，加速业务发展，全面提升组织效能。这就需要类似"HR 系统架构师"这样的角色，对组织模式、技术、能力进行整体的设计，同时具备产品思维、数据意识和端到端的业务能力，推动变革、升级和价值创造。

前端解耦、中台聚能、智能协同的背后，首先是做好系统的顶层架构设计。"HR 系统架构师"需要以组织与人才管理模式升级为基础，牵引数智技术和

第 6 章
数智化 IT 系统

人才管理能力升级，不断丰富人才管理工作的内涵，提升组织模式升级的价值，创造人才资源和组织能力，为保障企业持续成功注入活力。

数智化 IT 系统的搭建是一个非常复杂的系统工程，不能一蹴而就。在此过程中需要对各个业务系统的数据进行提取、清洗、分析等，形成统一的数据中心平台，通过对各业务系统的数据进行数据分析，帮助企业领导、部门领导等提供决策上的数据支持，提升整个组织的企业管理水平。我们认为"HR 系统架构师"在数智化人才管理系统的整体布局考量上，以下"三大理念"和"三项原则"缺一不可。

理念一：自上而下规划

从零开始搭建一套数智化 IT 系统需要从整体上去考量，明确系统要解决什么问题，应用哪些场景，解决什么类型的问题，需要整合哪部分的业务系统等，基于需求规划场景，基于场景规划指标，基于规划搭建应用，基于应用搭建基础；可行性角度则要求依次完成打通系统数据、梳理指标体系、搭建数据分析场景等动作，最终形成数据驱动决策。这就是我们一直强调的自上而下规划，以终为始搭建企业数智化 IT 系统。

理念二：自下而上推进

在系统的具体搭建上，我们首先要了解各个业务板块的数据完整程度、数据量以及业务成熟度。如果说一些板块并没有基础数据作为支撑，或者说无法提供业务数据，那我们就要重新思考，是不是需要一次性把整个系统全部搭建完成。在这里我们建议企业由点到面分步实施，可以以核心的业务场景作为试点，先推进核心议题进行数智化 IT 的搭建，逐步完成全场景赋能和 AI 场景应用，这样也会大大降低企业的试错成本。只有新管理工具真的解决了员工和前线管理者当前的问题，提高了他们的工作效率，为他们节约了时间，他们才会接纳、认可新工具，从而影响和带动更多的员工和更高层级的管理者去使用新工具。这就是自下而上推进的过程。

理念三："数智"双轮驱动

数智化是数字化和智能化的集成，也可以简单地理解为是数字化＋智能化，是在数字化的基础上的更高阶段。数智化阶段的底层逻辑是：（1）产生链接。推动人财物事的互联，比如人机互联、人事互联、人财互联、财物互联、财事互联、知识互联等。（2）沉淀数据。通过上述人财物事的互联互通，原始数据自然留痕，做到客观有效，包含了一切数据，即结构化数据与非结构化数据，为后续数据清洗、加工、存储、数据分析打下来良好基础。（3）数据智能。机器学习与大数据技术让数据分析更加逼真、清晰与智能，模型、算法与算力是其中最关键的三要素。

眼下 AI 与 BI 技术的结合正是"数、智"融合的有效验证。这就要求在做数智化 IT 系统搭建时，应考虑如何将业务端需求通过数据智能分析的方式去解决。例如本书中提及的"数字孪生"，在过去一个人的数据可能分散在不同的业务系统，财务数据在财务管理系统，基础数据在 EHR 系统，绩效的数据在绩效管理系统，一旦拥有数智化系统，我们就可以将这些数据进行汇总，在同一个地方形成每个人全方位的数据，在系统中有一个"完整的我"，有效发挥"数"的威力。同样我们在做组织的继任健康度、各种关键指标的预警、趋势分析时，需要人和系统进行结合，人提出想法和思路，剩下的事情交给系统去分析，充分发挥系统"智"的价值，最终得出结果。有些过于智能化的功能目前可能没有能力去实现，但我们可以先期培养这方面的意识，待时机成熟之时，可以快速地进行搭建。

原则一：模块化设计

模块化设计是将复杂的系统功能，通过一定规则进行拆分和重组，变成一个个模块，用户通过模块的组合来实现企业的管理需求。运用模块化的设计，每个功能模块就像一个组件一样，企业可以按照自己的需求进行自由组合，按需使用。这种模块化的设计原则一方面能够让系统更加贴近企业的实际应用；另一方面可以有效帮助企业降低采购费用，企业只需要按照自己的需求，自研或外采自己需要的功能模块，不需要一下子置办整套的系统平台。当企业不断发展壮大，现有的功能模块满足不了企业的需求时，企业只需要在原有平台基础上增加相应的新的功能模块即可，减少了因更换平台而对使用产生的影响，也避免了资源浪费。

同时，模块化的设计也让系统迭代比较方便，当我们有新的模块要添加时，只需要在原有平台的基础上直接添加即可，这样能够让系统变得越来越完善。数智化人才管理平台，往往会涵盖组织诊断、建模、测评、盘点、学习、发展以及人才管理驾驶舱等不同子系统。每个模块之间相互独立的同时也相互关联，每个模块之间独立存在，当需要不同系统进行关联时也可以进行关联。比如，建模系统有自己的模型库、指标库，以及个人建模和团队建模系统，能够帮助企业快速搭建不同岗位、层级的模型，同时建模系统的模型可以应用到测评、盘点以及人才发展模块。

原则二：智能化操作

智能化操作强调的是"以用户为中心"的产品交付式思维。数智化人才管理系统对用户的定义不再是单纯服务于企业的 HR 部门和高管，而是每个员工，即每个员工都可以用、愿意用，让每一位员工都深度应用。如何提升员工的工作体验？要依靠科技赋能。我们要努力实现科技与人力资源工作融合，通过强化场景思维，让用户有好的体验感和参与感，真正构建起产品服务平台，以下罗列一些较为典型的智能化操作设置。

1. 全终端

支持手机、电脑、平板不同终端，以及微信、企业微信、钉钉、内部系统（OA、EHR）等不同平台进行对接，实现一键智能登录，一键消息推送。

2. 智能匹配

系统自动识别员工组织、岗位、层级，通过平台内置算法、企业业务逻辑，根据员工信息智能匹配评价问卷、生成继任图谱以及人才看板；根据测评活动智能匹配报告模板。

3. 一键拖拽

我们都知道电脑里的文件可以通过拖拽的方式直接从一个文件夹移到另外一个文件夹，只需要一步就可以完成复制粘贴工作，同样系统也可以通过一键拖拽功能让原本复杂的操作步骤变得简化。比如人才九宫格，我们可以在九宫格里通过拖拽的方式直接对宫格内的员工进行调整；同样系统中还有很多地方用到拖拽功能，简化操作流程，为企业带来更好的用户体验。

4. 智能答题技术

系统内置防作弊技术，实时监控测评者的答题情况和答题进度；内置无效问卷处理方式、极值分析、漏答提醒、断点续存、匿名评价、一键打乱题目、智能阅卷、实时数据汇总等多种答题技术，让原本复杂的测评考试容易操作。

5. 直观简洁呈现

系统内置各种算法逻辑、各种图表结构、颜色搭配，基于数据结构匹配不同图表，让原本枯燥的大数据以图表、图形的方式可视化呈现给业务领导、公司高管，从而直观、立体地呈现个人数据和组织数据。

原则三：开放性兼容

数智化IT平台同时需要具有开放性，可以跟OA（办公自动化）、企业微信、钉钉等企业内部平台实现对接，进行数据交互。企业内诸多人才数据广泛存在于EHR系统、OA平台、钉钉平台，财务数据存在于财务管理平台，招聘数据存在于招聘平台，还有部分行业数据来自外部平台。这就要求系统可以实现多平台对接，及时抓取数据，同时系统产生的各种数据也可以与其他平台进行共享，让企业各个系统之间进行数据交互，实现资源共享，进而企业可以建立起统一的数据仓库或者数据湖，为进一步的数据分析奠定基础。

了解你的技术

传统企业数字化转型，往往需要原有的旧系统进行升级替换。那么，系统是自研还是外采？技术人员团队是自建还是外包？系统自研和外采各自的优劣势是什么？何时选择自研？何时选择外采？系统搭建的流程是什么？从人力资源的视角该如何开始，何时结束？这些数智化系统落地时面临的实际问题，往往会困扰住不懂技术的人力资源管理者。本章节我们回答两个实操层面的关键问题：

- 数智化系统建设的方式有哪些？
- 数智化系统建设的流程是什么？

数智化系统的建设方式

总体而言，数智化系统建设的方式分为自研、外采以及外包三大类。腾讯研究院《2022中国民营企业数字化转型调研报告》中显示，样本企业中外采标准化工具的比例高达45.95%，外包给第三方定制解决方案的占比为24.27%，自研系统及应用的占比为29.44%。从调研结论上来看，外采标准化工具是样本企业系统建设的主流方式，但同时企业仍存在个性化的需求，需要通过自研或外包来解决。

1. 自研、外采、外包的优劣势对比

（1）自研的优势和劣势。

自研最大的优势在于可以研发出高度个性化定制化的、符合企业自身业务需求的系统，属于企业的"量身定制"，不存在系统与业务需求不匹配的现象。此外，自建系统对企业数据安全也有较大的保障。

自研的劣势在于需要持续投入大量资源，包括资金、人力，且研发周期较长，效果难以预见，失败的风险较大。另外，系统开发对研发团队的能力要求较高，系统研发的进度、系统的好坏直接取决于研发人员的工作态度和专业水平。

不过，自研最致命的问题在于，自研系统虽然定制化程度很高，但如果仅基于企业自身的业务需求，只解决眼下的问题而开发，会导致企业"闭门造车"，缺乏对企业未来发展以及行业趋势的预判。系统研发出来后，可能已经落后于整个行业了，而因为系统的高度定制化，又很难再去修改和升级。

（2）外采的优势和劣势。

外采的优势在于建设周期短，企业不需要投入较大的人力、财力、精力，成本相对来说比自研要低，企业可以把大量的资源专注于自己的主业。很多行业通用的、比较成熟的套装软件里往往承载着经过行业验证的最佳实践，可以帮助企业改善原有的流程。

但外采最大的问题在于虽然产品通用性较强，可以满足一部分共性的需求，但很难满足企业的个性化需求，不够灵活。其次，服务商的实施成本和后期的运营和维护费用较高也是一大问题。

（3）外包的优势和劣势。

请外包公司开发，需要投入大量资金，需要找既有咨询背景、熟悉企业的咨询团队，又需要具备 IT 的研发能力，这种公司目前市面上少之又少。但可以结合企业需求进行系统的量身定制，同时能确保开发效率。

其不足就在于：外包公司不了解企业内部的情况及现状，可能搭建出的系统不符合企业的要求，而且外包人员成本高，隐性问题相对较多。

2. 如何决策

既然各有各的优劣势，那么到底什么情况下选择自研，什么情况下选择外采呢？实际上，这并不是一个新鲜的问题，需要分企业、分业务、分场景来考虑。不同企业对自研和外采的策略也不尽相同。大体上来说，可以遵循以下几个基本原则。

（1）在业务复杂、特殊，没有服务商能满足需求时选择自研。

自研需要耗费大量时间和资金，在市场环境快速变化、竞争压力巨大的情况下，自研对很多企业来说也许并不是最佳的选择。只有在业务特殊、市场上没有现成的方案可以外采使用的情况下，或者定制化成本非常高，才要考虑选择自研。

正如华为提出的那样，在数字化建设中，要尽可能选用国内外优秀的成熟商业软件，能买到就不自己开发。在数字化应用实施中，要以消化吸收为主，坚决反对对软件包进行大量的客户化开发修改，必须坚持最少量自主系统开发。通过引进先进的管理软件包，为业务变革和流程重整指明方向，帮助变革方案快速落地。

（2）核心业务系统选择自研，通用管理系统选择外采。

每个企业的资源都是有限的，应将时间、精力投入到核心业务系统的建设上，对于不涉及企业核心业务的管理系统，如财务、人力、办公、合同、CRM 等，行业经验已经比较成熟，市场上也有很多专业的软件供应商，可直接外采套装软件产品或服务，采用"拿来主义"，避免走弯路。而且像财务、人力等系统也涉及到很深的专业壁垒，有很多专业类知识，并不是所有企业都擅长这些，自己花精力去研发并没有太大的意义。当然，最好选择二次开发支持性强的产品，这样企业自己的 IT 团队就可以针对少部分个性化的需求进行二次开发，以最大程度匹配业务需求。

如果已经有一些成熟的系统可以拿来使用的话，那就相当于站在别人的肩膀上来迅速提升自己的架构和规范能力。此时企业的重点就可以放在外部成熟系统与内部业务创新系统之间集成关系的构建上了。

（3）投入产出比是决策的重要依据。

数智化投资决策一定要有 ROI（投入产出比）的概念，ROI 的高低是决定建设方式的一个重要标准。尤其对于资源能力有限的企业，更应该仔细算算这笔账，让资金效用最大化。

对于企业来说，最具性价比的建设方式是基于第三方已有的系统平台，结合企业实际需求定制开发属于本企业自己的数智化平台。即第三方平台已经有 70%，甚至 80% 的功能能满足企业的需求，还有 20% 可以基于企业的需求做定制化开发。这种敏捷、高效、低成本的方式，在满足企业对人才管理要求的同时，成本也大幅降低。能满足企业高要求的第三方公司并不多，同时企业也需要投入一定的人力参与到项目的建设中。

数智化系统到底自研、外采还是外包？这是每个企业都要做出的决定。事实上也没有标准答案，几种建设方式各有利弊，重点还是看企业处于哪个阶段、核心的业务需求是什么、资金投入有多少、研发能力有多大……需要综合多方面考虑。无论选择哪种方式，只要能解决业务痛点就可以。

数智化系统的建设流程

数智化系统的建设流程一般会从以下五个步骤展开，从人力资源视角而言，一方面了解从头至尾的全流程；另一方面需着手思考如何在各个环节上参与设计，进行优化，深度融合。

1. 确定需求

需求的层次包括：业务需求、用户需求、功能需求、非功能需求以及系统需求五个方面。

- 业务需求：企业对系统的要求，需要达成的目标。
- 用户需求：系统的使用者也就是系统管理员对系统的要求，即用户希望使用系统完成什么任务。比如说用户需要对企业员工进行人才搜索、人才对比、人才预警等，也就是说用户需求描述了希望使用系统来做些什么。
- 功能需求：系统要实现的功能，用户利用这些功能来完成任务，满足业务需求。功能需求描述的是开发人员需要实现什么。
- 非功能需求：平台搭建的环境需求、部署方式、服务器搭建、数据库版本选择以及开发语言选择等。
- 系统需求：对系统的性能、安全性、可扩展性、并发性、易用性、故障处理要求、数据库灾难要求。

需求分析要实现的目标，如下：

（1）准确理解并描述企业对系统的需求。

（2）帮助企业洞察并挖掘需求。

（3）对需求进行可行性分析。

（4）剔除不合理的需求。

（5）将离散的需求进行整合。

需求分析的具体流程，如下：

（1）确定对系统的综合需求（功能、性能、运行、扩充需求）。

（2）制作产品需求文档（PRD）。

（3）分析系统的数据需求（概念模型、数据字典、规范化）。

（4）导出目标系统详细的逻辑模型（数据流图、数据字典、主要功能描述）。

（5）开发原形系统。

（6）从 PRD 提取编制软件需求规格说明书（SRS）。

2. 系统设计

系统设计需要根据上一阶段需求分析的结果，来设计系统的框架结构、功能模块和数据库等，分为概要设计和详细设计两个部分。

（1）概要设计。概要设计的目的是将系统进行整体性考虑，根据各个方面的情况进行一个平衡和妥协，在确保系统目标完成以及后续更多成员参与进来之后有一个明确的大框架可以遵循。

- 架构工程师根据需求和架构体系对系统的总体设计、技术架构、技术路线、运行环境、模块划分、流程控制、接口、运行控制和数据库结构进行全方位的设计，并输出概要设计说明书。
- 开发工程师根据概要设计说明书设计数据库的结构，并输出数据库设计说明书。
- UI 工程师则根据原型图以及系统开发计划，制定 UI 设计规范，并输出 UI 设计文档。

（2）详细设计。详细设计是在概要设计的基础上，开发者需要进行软件系统的详细设计。在详细设计中，描述实现具体模块所涉及的主要算法、数据结构、系统的层次结构及调用关系，需要说明软件系统各个层次中的每一个程序（每个模块或子程序）的设计考虑，应当保证软件的需求完全分配给整个软件，以便进行编码和测试。详细设计应当足够详细，能够根据详细设计报告进行编码。

- UI 工程师根据系统原型图、UI 设计规范，对系统的各个界面进行设计，并输出效果图。
- 开发工程师确定每个模块的算法，汇总每个模块详细的过程描述。
- 开发工程师确定每个模块接口的细节，包括对系统外部的接口和用户界面，系统内部的其他模块等接口细节，以及模块输入数据、输出数据的全部细节内容，并整理成文档。
- 每个模块设计出一组测试样例，以便在后续开发阶段对模块代码进行实时测试。
- 开发工程师根据数据库设计说明书进行数据库设计，如数据库字段设计，对字段类型、长度、规则进行设计，统一数据库表名的命名规范。

3. 编码开发

在编码开发阶段，开发者根据软件系统详细设计方案对数据结构、算法分析和模块实现等方面的设计要求，开始具体的程序编写工作，分别实现各模块的功能，从而实现对目标系统的功能、性能、接口、界面等方面的要求。

- 开发工程师根据产品原型图、UI 效果图以及详细设计文档，选择开发环境、开发工具、开发语言等，统一模块、界面命名规范。
- 开发工程师搭建系统框架，进行模块编码。
- 开发工程师对已开发的模块进行测试，可以自己测试或者找其他开发人员进行交叉测试，排查开发内容是否有问题。
- 开发工程师制定统一的开发规范，编写开发说明文档以及接口文档，做好每个模块的注释，如果有新的开发人员进入，能比较快速地跟上开发进度。

4. 系统测试

对系统进行测试是保证系统质量的重要手段。开发工程师开发完成后，可以交由测试工程师进行测试。测试工程师测试到程序错误要反馈给开发团队，开发团队进行修改。功能测试通常需要进行很多次，直到测试通过，达到质量要求。

- 测试工程师根据开发阶段输出的说明文档、系统架构、测试用例等对程序进行测试。
- 测试工程师对程序进行单元测试、集成测试、流程测试，检查开发工程师是否正确且规范地完成功能，将测试出的编码错误、算法错误、流程错误等整理成文档，并反馈给开发工程师进行修复。
- 开发工程师根据测试工程师提交的文档，对反馈的错误进行修复，再次交由测试工程师测试，直到测试通过。
- 测试完成后，产品经理以及测试工程师提供系统测试版交由用户进行试用，并收集用户的意见和问题，将系统出现的问题再次交由开发工程师进行修复，经过测试工程师的测试，这时的错误数量不会很多，改动也不会很大。
- 产品经理以及测试工程师完成软件的操作手册、使用说明书等内容。

5. 系统上线

所有测试通过后，系统进行试运行，运行稳定后即可上线。上线包括上线部署、部署后验证、整理交付物（需求文档、设计文档、安装部署手册、产品帮助等）。

部署上线是一个比较重要的步骤，如果企业有自己的部署环境，可以把系统部署到企业内部的集群中。如果企业没有自己的部署环境，可以将程序部署到云上，要根据企业的实际情况搭建高可用、高并发的系统环境。

当然系统上线后，企业也可以组织培训。对用户进行系统培训，对系统功能进行讲解说明，介绍功能该如何使用，遇到问题该反馈给谁。当然系统上线后也会提供系统操作手册、在线文档以及问题反馈渠道。

6. 系统运维

系统运维工作要以服务为中心，以稳定、安全、高效为三个基本点，确保系统能够 7×24 小时为用户提供高质量的服务。

通过监控、日志分析等技术手段，及时发现和响应运行故障，减少服务中断时间，使公司的互联网业务符合预期的可用性要求，持续稳定地为用户提供服务。

在安全方面，运维人员需要关注业务运行所涉及的各个层面，确保用户能够安全、完整地访问在线业务。运维人员需要保障公司提供的互联网服务在安全、可控的状态下运行，确保公司业务数据和用户隐私数据的安全，同时还需要具备抵御各种恶意攻击的能力。

数智化人才管理的核心，需通过业务对象、业务过程和业务规则的数智化，夯实人才管理的基础运营，在此基础上边用边完善，通过持续有效的数据管理，确保全流程数据的一致、完整及准确，支撑人才管理工作的效率提升和决策质量的提高。从技术实现视角而言，就需要通过数智化系统的运营不断提升客户服务价值与用户体验。长此以往，数智化人才管理不仅能在企业人才管理运作体系和组织效能上产生巨大转变，而且能为企业管理理念和企业文化带来根本性的刷新和重塑，这些变化能够让企业拥有更为强大的内部驱动力，再次焕发青春。

人力资源数字化、智能化转型势在必行，其发展速度和影响程度将远远超出我们当下的想象。若干年后，不要说人力资源部，整个组织的经营与运营，都将实现高度的数智化。只有不可替代的地方，才是人才价值的优势所在，这也是对组织的作用与增值体现。

第四部分

数智化人才管理四步流程
（工具层和应用层）

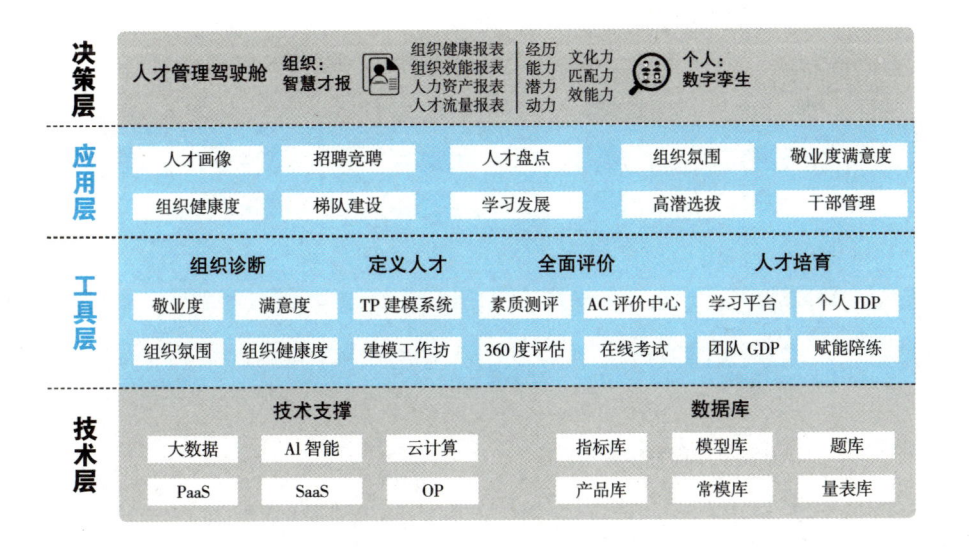

决策层	人才管理驾驶舱	组织：智慧才报	组织健康报表 组织效能报表 人力资产报表 人才流量报表	经历能力 匹配力 潜力 效能力 动力	文化力	个人：数字孪生

应用层					
人才画像	招聘竞聘	人才盘点		组织氛围	敬业度满意度
组织健康度	梯队建设	学习发展		高潜选拔	干部管理

工具层	组织诊断		定义人才	全面评价		人才培育	
	敬业度	满意度	TP建模系统	素质测评	AC评价中心	学习平台	个人IDP
	组织氛围	组织健康度	建模工作坊	360度评估	在线考试	团队GDP	赋能陪练

技术层	技术支撑			数据库		
	大数据	AI智能	云计算	指标库	模型库	题库
	PaaS	SaaS	OP	产品库	常模库	量表库

究竟怎么样才能做好数智化人才管理在企业内部的落地呢？

这个问题的答案简单有力——回归到业务场景当中。所有企业做数智化转型，其根本目的是为了回归企业的业务本源。我们在做人才管理的时候，应该回归到业务战略本身，从业务的需求出发，去识别业务的目标，然后再去看组织能力的欠缺在哪里，进而洞察我们需要什么样的团队、什么样的人才。

要想做好人才管理的数智化转型，首先要从企业战略出发，把人才管理体系和业务能力夯实；其次是将所有的业务放在管理场景里面落地。核心要点是，在场景系统落地方案上要想清楚你要做什么，而不是简单地上系统。

"组织诊断、定义人才、全面评价、人才发展"四步流程不仅与传统人才管理的"识问题、定标准、施盘点、促发展"一一对应，同时也是"4-F框架"中应用层和工具层的搭建逻辑，而且贯穿始终，数智化人才管理围绕这四个核心的人才管理动作，逐步进行管理工具和应用场景的衍生，且万变不离其宗。

| 第 7 章 |

组织诊断——数据让你的组织更有温度

领英发布的《人才智能时代的人力资源领导者》报告中提到,"在中国的人力资源从业者中,只有 0.39% 能够最终成为 CHO(首席人力官),远低于其他国家的 CHO 比例"。这在某种程度上反映了中国企业的人力资源职能发展成熟度和战略重要性远低于国际水平。这一结论再次让我们人力资源管理者群体意识到任重道远,剖析原因,共四点:

- 因长期从事"行政操作型"低附加值工作,而丧失了企业高层眼中的价值。
- 长期服务于"强势领导力",难以施展基于"专业自信"的影响力。
- 因为被批评"不懂业务",导致本末倒置,重业务而轻专业。
- 在"组织和人才"成为企业发展瓶颈时,"自废武功"的人力资源职能被有所期待却无能为力。

想要走出上述困境,推动"组织和人才"的战略发展,人力资源职能需要从解决"重要问题"开始,实现蜕变。这些"重要问题"往往能对企业的发展、收入和成本产生深远影响,它们包括但不限于:

- 如何提升组织能力,帮助企业突破发展瓶颈?

- 如何融合多元化人才，提升企业创新力？
- 如何衡量并提升组织和人员效率？
- 如何培养并选拔企业的接班人，从而凝聚核心管理团队？
- 如何打破部门隔阂，提升内部的信息透明度和合作度？
- 如何激发组织的活力和人才潜力……

这些"重要问题"无一不是来自组织视角的思考，这就很容易理解为什么近几年组织发展理念热火朝天。对人力资源管理者而言，最直接的启发是：人才管理工作的起点是组织诊断。

组织发展的进程

数智时代组织发展的演变

有些人偏好新概念，不喜欢提出时间过长的老概念，他们并不知道很多新概念不过是老概念的复活或套个"马甲"而已。比如，当下大谈特谈的"第二曲线"，早在1960年就由罗杰斯教授系统论述过；在人力资源圈里，广为流传的"组织能力"其实是核心竞争力概念的翻新。

1. 核心竞争力

"核心竞争力"这一概念由普拉哈拉德教授于1990年提出，一经提出，就风靡全球学术界和企业界。核心竞争力概念对之前战略资源学派的理论进行了再完善发展，同时自身也在不断完善。

很多企业一直都在谈"核心竞争力"，却很少有企业能真正参透它，在此摘录普拉哈拉德大师的原话，以正偏见。"将多元化公司想象成一棵树：树干和几个大树枝是核心产品，较纤细的树枝是业务单元，树叶、花与果实则是最终产品。为大树提供养分和起支撑稳定作用的根系，就是公司的核心竞争力。核心竞争力是把现有业务结合在一起的黏合剂，它们也是开发新业务的动力，多元化经营和进军新市场要以它们为依据，而不仅仅是看市场的吸引力。从长期来看，竞争优势将取决于企业能否以比对手更低的成本和更快的速度构建核心竞争力。核心竞争力是组织内的集体学习能力……核心竞争力是沟通，是参与，是对跨越组织界限协同工作的深度承诺。"

2.组织能力

进入新世纪，腾讯高级顾问杨国安教授和其博士生导师戴维·尤里奇则发展出了"组织能力"的概念。暂且不论该"组织能力"概念让核心竞争力概念是否失真，但这已是人力资源界跃迁式大进步，推开了战略性人力资源的大门，在战略和人力之间架起一座桥梁。两人的具体方法论侧重于以下两方面。

组织能力分类：尤里奇对组织能力概括出了11项分类，分别是人才、速度、理念与品牌一致性、责任、协作、学习、领导力、客户关系、战略一致性、创新、效率。

组织能力成因：杨国安教授针对组织能力在成因上提出了三要素，系统论述了提升组织能力的三大驱动要素——员工能力（会不会）、员工动力（愿不愿）和公司治理（让不让）。

组织能力的定义较为宽松、广泛，很多能力都可以被称为组织能力，在战略层次上更偏向于运营能力。

以上部分较为理论化，我们做一个类比：组织能力就像个人能力一样，同样一份方案，能力强的人三小时做完，新手可能要花一周；同样质量的产品，总成本更低就是一种能力。平衡车最初在芬兰发明时一台要卖到六万美元，后来技术卖给了美国，产品成本降到三万美元，而小米将价格降到1000元人民币，背后的生产与供应链就是组织能力。美的2011–2016年营收增长了19%，利润增长了139%，成本仅增长了6.6%，最终在竞争白热化的家电行业成长为巨头，就得益于强大的组织能力。如果企业空有正确的战略，却没有适合的组织能力,即使机会出现,也无法把握,虽然并购可以带来协同和放大效应,但是如果企业没有并购整合的能力,只会赔了夫人又折兵。

3. 员工体验

在数智化的大背景下,企业面临着更复杂和不确定的产业环境,同时也要面对更强的对手和更大的机会与风险,企业文化、现有业务架构、组织人才体系、人力资源管理系统都需要做出改变,单纯的技术转型远远不够,还需要基于数字重构人与组织的关系,重构组织能力,促进信息透明度与运作效率,推动组织边界不断开放,这种变化在"组织变革、ESG、新生代员工"这三个组织议题上尤为显著。

(1)组织变革。重新审视过往维持稳定的组织观,重拾组织变革与破局的勇气,不难发现,"高质量发展"的背后是"管控管制"向"价值创造"的意识觉醒及实践转变。变革方向是回归组织建设本质,弱化组织器皿思维,聚焦组织能力养成,从"条条块块"的线性工作方式到"团团伙伙"的敏捷工作运转,组织降本增效与适当允许冗余的战略选择也会变得越来越重要。

(2)ESG。ESG 的全称是 Environment Social and Governance,意思是"环境、社会和治理",这一因素正日益成为企业的关键任务,尽管这些因素大多是非财务性的,但投资者、客户和潜在的雇员都在借助 ESG 的表现来决定是否将他们的钱或时间投资在一个特定的企业。

一个企业的 ESG 表现可以帮助吸引投资、客户和人才,最终影响公司的财务表现。从根本上说,员工正在通过他们的工作寻求联系和意义,这种联系和意义都是最终推动员工体验的因素。应用 ESG 视角,通过强烈的目的感和自豪感来提升员工体验。如果公司能做到这一点,员工也会获得更多包容感的回报,感觉到被授权、被倾听、被支持。自从全球遭遇新冠疫情以来,ESG 现在更多的焦点放在了"S- 社会"问题上,特别是对其劳动力和更广泛的供应链的影响,它涉及多样性和包容性的工作环境、员工心理健康、薪酬、企业社会责任等多个需新关注领域。

（3）新生代员工。这三个组织议题中最为关键的就是要把握人的变化。以"95后""00后"为主体的新生代员工与上几个代际的员工相比，的确表现出很多不一样的特点，比如物质激励为主的正、负向激励显然已经不能适用；新生代员工需要被看见、被关注，他们对自己认为有意义的工作表现出较强的意愿，对符合自己价值观的企业文化和组织氛围关注度更高。

服务全球100多个国家的盖洛普咨询公司，将"员工体验"定义为员工在一个组织中的旅程，它包括员工生命周期中发生的每一次互动，涉及员工的角色、工作空间、经历和福利的体验。积极的员工体验最终会影响到客户体验，并产生更高的投资回报率（ROI）。IBM曾做过关于员工体验重要性的研究，探索其与企业、员工绩效间的有效关联，根据这项研究：员工体验为有意义的工作、成长、信任和平衡（工作与生活）创造了机会，进而导致了绩效的增强。

组织诊断是优化的起点

我们见证了组织的人才关键议题从核心竞争力、组织能力到员工体验的演变。世界在变化，公司在变化，员工需求也在变化。疫情后时代，随着远程工作时间的增加，组织更加关注员工体验的重要性。提高员工体验是一个复杂的过程，但指导原则很简单：通过定期、实时地积极听取员工的意见，推进可以在整个组织中实施的有效行动，创建一个反馈循环，以进一步参与和改进。为员工体验调查设定一个定期的节奏是强有力的起点，所以组织诊断就显得刻不容缓。

组织诊断一方面是从组织视角发现问题，获得内部数据，对其进行分析；另一方面是从员工视角全面地了解员工在想什么，基于员工的反馈找到差距，实时洞察组织内部的问题所在，并持续改善，从点到面做整体优化，最终促进组织能力的持续提升。持续进行员工调研和改善，能够帮助企业提高员工的归属感及留任意愿，并主动改善企业的经营业绩。研究表明，接近92%的企业开展员工调研后表示，调研有助业绩提升。

组织能力的概念自然会愈辩愈明，但组织诊断的工作刻不容缓，对组织能力的分解有利于构建细化的诊断指标体系，进而统计、分析、描述组织的能力状况。我们认为，无论如何换"马甲"，从实操落地角度，组织诊断需要以下三个抓手：组织效能、人力效能、组织健康度。

组织效能、人力效能的诊断工作相对刚性。组织健康度更强调新时代下的员工体验，更加关注人的主体地位，体现了组织"有温度"的一面。组织健康度的诊断可从"敬业度满意度"以及"组织氛围"两个专项主题延展，随着"组织发展"领域的不断进化，这两个主题逐步成为新时代组织能力的风向。当然，这并非新兴的潮流理念。沙因在《组织心理学》中早已提到："一个系统层面的组织效能标准，必须是一个包含了适应性、认同感、检验现实的能力以及内部整合的多重标准。"其中，认同感在考核测评的过程中逐渐演变为三个方面：敬业度满意度诊断、组织氛围诊断、员工净推荐值诊断。

1. 敬业度满意度诊断

员工敬业度是指员工认同所从事的工作以及所在企业，能够全身心地投入工作，并愿意与企业共同成长与发展。认同是指向同事和那些可能加入公司的其他员工，更为重要的是向客户（当前的和未来的）持续地讲述企业积极的一面；发展是指一种强烈地要成为公司一员的愿望；投入是指愿意付出额外的努力来帮助企业经营成功。敬业的员工在认同、发展和投入三方面的行为都有明显表现，我们可以衡量员工是否具有认同、发展、投入的行为，从而判断员工是否敬业。

员工满意度是指员工接受企业的实际感受与其期望值比较的程度。满意度是企业的幸福指数，是企业管理的"晴雨表"。当员工的满意度提高时，可有效地降低人员流动率以及企业损失，同时能够提升员工的工作效率，提高企业利润，改善组织公民行为。研究表明，员工满意度每提高3%，企业的顾客满意度将提高5%，员工满意度达到80%的公司，平均利润率增长比同行业其他的公司高出20%左右。

员工敬业度和员工满意度有不同的重点领域，但二者在概念上有很大的重叠，为避免术语过度定义引发混乱，我们从应用的角度看：员工的满意度可以视为企业对员工的投入，而敬业度可以视为员工对企业的产出。观测产出与投入的变化关系，是检验企业健康与否的重要标准：一般情况下，满意度与敬业度的上升与下降基本趋势是相一致的；企业一旦出现员工的敬业度与满意度比较接近甚至低于满意度时，则说明企业内部正在发生变化，这往往是企业走向下坡路的前兆。

要真正产生在敬业度、满意度上对组织的见解，就需要了解其背后的驱动因素。我们通过对员工、企业及其行为方式的广泛调查，穷举出可能影响敬业度、满意度的因素，然后进行因子分析，剔除影响不显著或者和其他因素高度相关的间接影响因素，浓缩出敬业度方面8个主要驱动因素和满意度方面20个主要驱动因素（如图7-1所示）。

2. 组织氛围诊断

组织氛围是由组织内部成员的各种心理感受和对组织环境认知情绪的交互影响而形成的一种心理气氛；形成组织氛围的因素很多，主要有组织内部成员的士气、对组织成员的激励方法、文化背景、领导风格、信息沟通方式等因素。组织氛围可以从个人、组织两个角度来理解。

从个人角度而言，组织氛围关注个人对组织环境的体验，从主观角度分析员工对环境因素（如领导风格、人际沟通、人际关系、奖惩制度、工作程序等）的认知和感受；从组织角度而言，组织氛围是组织内部整体工作环境属性的集合，通过对这些属性的衡量，可以区分不同组织的特点。不管是从个人还是组织视角，组织氛围作为组织的无形资产，对组织发展的影响不容小觑，营造良好的组织氛围，可以影响员工工作动机，提升组织绩效，挖掘员工最大潜能，塑造企业文化。

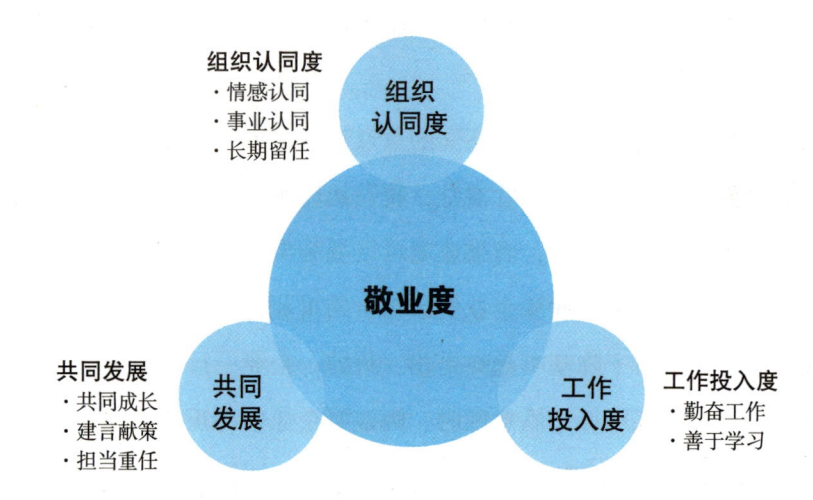

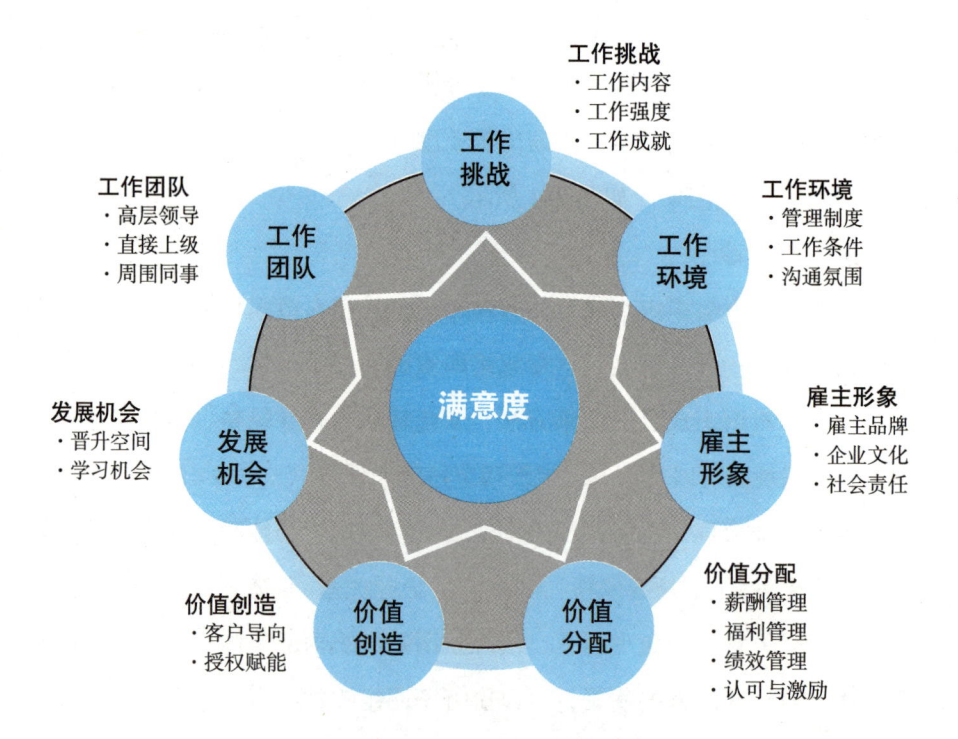

组织认同度
· 情感认同
· 事业认同
· 长期留任

组织认同度

敬业度

共同发展
· 共同成长
· 建言献策
· 担当重任

共同发展

工作投入度

工作投入度
· 勤奋工作
· 善于学习

工作挑战
· 工作内容
· 工作强度
· 工作成就

工作挑战

工作团队
· 高层领导
· 直接上级
· 周围同事

工作团队

工作环境
· 管理制度
· 工作条件
· 沟通氛围

工作环境

满意度

发展机会
· 晋升空间
· 学习机会

发展机会

雇主形象

雇主形象
· 雇主品牌
· 企业文化
· 社会责任

价值创造
· 客户导向
· 授权赋能

价值创造

价值分配

价值分配
· 薪酬管理
· 福利管理
· 绩效管理
· 认可与激励

图7-1 影响员工敬业度、满意度的因素

（1）影响员工工作动机。不同的环境要求会激发员工不同的动机，不同的领导类型会形成不同的组织氛围，这种组织氛围一旦产生就会影响动机，从而影响员工的工作业绩和工作满意度。

（2）提升组织绩效。组织绩效变量的30%来源于组织氛围，组织内部的支持性氛围会促进组织成员的合作学习，进而影响组织知识分享的广度和深度，从而提升组织绩效。

（3）挖掘员工最大潜能。组织氛围与组织最高领导者的价值观高度相关，领导者的信念会向外散发和辐射，进而影响组织氛围，影响员工潜能能否最大发挥。

（4）塑造企业文化。组织氛围是改变组织文化的出发点，组织文化包括长期积累下来的规范、价值观和信息，组织氛围代表了企业文化当前的状态，打造企业文化要从改变组织文化开始。

组织温度的数据来源

组织温度不仅是我们字面理解上的体现员工关怀的一个概念词汇，而且是一个非常学术性的组织管理词汇，组织温度反映企业在经营战略、经营模式、管理模式、管理制度、企业文化建设、工作环境建设等方面的综合状况及水平。同时，企业的组织环境、经营状况、管理规范程度、人力资源管理政策、文化氛围等综合因素，又直接影响员工士气及工作满意度，进而影响企业生产率。

让"有温度"成为组织持续前行的动力

有温度的组织更能够汇聚人心，也能够激发员工的工作热情。组织激励潜力分数公式如下：

MPS（激励潜力分数）=[（技能多样性 + 任务完整性 + 任务重要性）/3]× 自主性 × 反馈

在这里我们可以将组织温度（团队士气）看作是一种"反馈"，即团队对个人的反馈，在不考虑其他因素的情况下，反馈值越大，激励潜力分数越高，工作对个人的激励程度就越高。

组织温度诊断通过测评团队的士气，进而采取一些有效的手段来干预组织系统的动态过程，通过提升团队士气促使员工在目标、基本价值观和沟通媒介上趋于某种程度的一致性。借由数智化平台，可以让组织诊断工作变得更加智能和定制化。同时我们认为：组织诊断后的数据处理，并不是冰冷的用技术手段对数据进行抽象的分析和判断，反而更需要将数据中抽象的、无法量化的信息转化成与员工之间有联系、和大家工作息息相关的故事，将数据中蕴含的正能量传递给组织的每一位员工，这才是我们从事这项变革工作的意义。

企业发展和组织建设需要每一位员工的参与，企业要不忘自己的初心，不断引导员工用有温度的工作方式与工作方法，促进企业前行与进步，让组织建设充分发挥文化熏陶作用，让"有温度"成为组织持续前行的动力。

组织温度诊断的四大步骤

组织温度诊断需要建立一套组织诊断的流程，既能衡量组织发展、人才管理的工作成效，评估现状，发现问题，寻找差距；也能指向改进的依据，通过诊断发现的问题就是下一轮组织变革的目标。结合众多项目实践，我们发现企业在实际组织诊断的过程中，往往会遇到以下挑战：

- 调研工作量大，容易出现各种意外、失误。

- 调研问卷不专业，员工提出质疑。
- 人际关系、利益关系等因素影响评估结果，导致结果不客观。
- 评估结果无法有效呈现，结果无法对人事决策提供有力支撑。
- 评估价值没有落地，感觉"没效果"。

接下来，我们通过一个案例来看组织诊断的实施流程以及过程中如何避开这些误区？

近年来，生鲜平台不断发展，已经成为一、二线城市市民购物的重要选择。对于竞争激烈的生鲜平台来说，需要的就是更快地将产品送到客户手里，前置仓（仓储中心）和物流配送在商业模式中发挥着核心作用，加强仓储中心、物流配送员（骑手）等一线员工的管理，对提升企业效益至关重要。

就岗位分析来看，骑手的工作环境存在不确定性，具有一定的危险性，加上送单的紧迫性，会给其带来无形的压力；通常前置仓的人员要完成收货、理货、报损、包装、拣货、打包等工作，在线上单量高峰时，主要做拣货打包工作，线上单量低谷时，更多人做商品管理工作；这种混编的工作模式，虽然降低了企业的成本，但员工承担的责任增加，工作强度变大，每天的工作时间变长，对企业而言也就意味着管理难度增加，稍有管理不当或对员工关怀不足，就会导致员工流失。

如何通过提升管理的有效性来降低员工流失率？如何通过有效手段来留住员工？基于以上问题的思考，生鲜平台Y公司采用了组织诊断系统，从敬业度与满意度的角度进行了定制化调研，围绕工作场景充分挖掘一线员工的需求，寻找提升员工满意度的切入点，来预测一线员工目前和未来的工作状态，结合数据分析员工离职原因，为人力资源后续工作提供指导性建议，以提升员工满意度并带动提升客户满意度。

该项目通过以下四个关键步骤展开：

1. 构建诊断指标体系

在诊断工作筹备期间，我们需要明确诊断的模型以及题本，确保问卷内容一定要覆盖本次诊断调研的需求。严谨的做法是构建指标体系：指标设置从一级到三级不同层次，针对第三级指标明确含义、目的、计算方式等，对指标赋予权重、评分标准，尽可能采用量化指标，对部分关键但无法量化的指标采取专家评议法的定性评价方式。无论是参照哪种经典的理论模型，都需要结合自身需求定制调整，确保符合诊断要求。对应到组织诊断系统的界面，即进行一级指标、对应二级指标以及题本、权重的内容设置（如图 7-2 所示）。

组合模型　　题目管理　　权重管理

一级指标	权重	二级指标	权重
雇主形象	3	雇主品牌	1
		企业文化	1
		社会责任	1
工作挑战	3	工作内容	1
		工作强度	1
		工作成就	1
价值创造	2	客户导向	1
		授权赋能	1
……	……	薪酬管理	1

图 7-2　组织诊断系统的指标界面

指标体系设计分为"内容设计、内容呈现"两个部分。

内容设计即明确框架和逻辑，包含构面、维度、要素、问题。分为"横向串联"和"纵向分解"两条逻辑，兼顾全面性与穿透性。

第7章
组织诊断——数据让你的组织更有温度

- 全面性：设置完整覆盖调研主题的系统视角构面，保证关键问题不遗漏，完成构面的顶层设计。
- 穿透性：对构面进行维度拆分，再对每个维度进行要素拆分，再对每个要素进行问题拆分，逐层穿透；同时遵循管理逻辑，有机、严密、完整地勾稽、耦合，保证潜在问题被发掘。

内容呈现即文字表达和提问方式。包含维度命名、要素释义和题本表述。

- 文字表达：通俗易懂，指向清晰，理解一致；避免使用专业术语，多用常规和业务语言；避免抽象、歧义、笼统。
- 提问方式：从个人感受出发，而非评判；从行为效果出发，而非过程。

Y公司依据以上思路，结合了盖洛普Q12以及我们自主研发的敬业度满意度模型，定制了敬业度测评指标体系及题本。除此以外，增加了极具特色的两个调研问题。

在一线城市中，生鲜平台的仓储管理人员和骑手绝大部分为外来人口，在春节这样的特殊节日都会回到家乡，那么重要节假日如何保证运力就是HR部门需要提前规划的事。Y公司在题本上，增加了"春节不打烊"的调研，以此了解不同岗位员工在春节期间愿意留任工作的人员比例。此外，Y公司在诊断系统上增加了一个信息收集通道，搜集员工对于春节留任时，除了三倍工资以外，还有哪些福利需求。

这两个小问题的设置，体现了Y公司的组织关怀，体现出对员工需求的真实关注，而调研结果也准确反映了员工的诉求，除三倍工作或调休外，占比较高的福利还有年货礼包、年夜饭、晋升加分、探亲路费、家属探亲路费、错峰年假等。可以看出，对于员工来说，钱并不是唯一的福利，一顿年夜饭、报销家属来探亲的路费对员工来说都是组织所体现的温度。

2. 开展综合调研

调研环节前期的宣导是非常有必要的，好的宣导可以尽可能地让结果公平、公正，保证诊断结果。员工是否认真地填写问卷对于结果的准确性有非常大的影响，因为人本能的防御机制会导致数据失真、无效、参考性不高。

除了宣导之外，一个可以灵活定制的诊断系统也可以增强员工的体验感。相较于传统的发送邮件的方式，越来越多的企业倾向于采取扫描二维码或与企业内部App对接的方式（如OA系统、钉钉、企业微信等），尽可能让诊断调研简单易操作，同时可以极大程度上减少HR部门的工作量，提升调研效率。Y公司一线员工的人数逐年成倍增长，无论是通过短信或是邮件发送调研链接都会给员工带来操作上的不便，这就会直接导致参与调研人数降低，所以Y公司很务实地采用更加方便快捷的方式，在企业员工端的App上开放了测评功能，员工只需要点击自己App上的按钮即可进入调研，操作的简便性提升了调研问卷的回收量。

组织诊断类调研一般要采取匿名的方式，更能保证调研结果的真实性。诊断系统通过预先将员工信息导入的方式，内置于管理后台，调研过程中隐藏相关信息，打消员工担心调研结果对个人的影响，从而能够相对真实地进行打分。

在实施阶段，需要实时监控调研进度，以保证更多的人员参与到调研中来，提升调研数据样本量。HR部门通过管理后台实时监控调研进度，筛选出未完成调研的人员再进行多次推送，推动整个调研项目的进展。

Y公司三年内参与调研的一线人员从1.2万人扩大至4.3万人，其业务范围也从8个城市扩展到43个城市，而岗位分工也更加细致。如此庞大的调研基数，借助数智化的诊断系统，通过以上几点关键举措，一周内完成了所有批次的调研工作。

3. 搜集数据进行统计分析

调研结束后即进入数据分析阶段，数据分析的精细程度取决于人员标签的颗粒度，对组织架构、人员信息区分越详细，可分析的数据就会越多。常规的统计分析包括指标分析、群体分析、机构分析。

（1）指标分析。通过对各级指标的分析，可以清晰看到最低与最高要素的差距，从整体的角度把握组织的优势和短板。

（2）群体分析。通过对人口统计变量的分析，可以看到在不同性别、年龄、司龄、职级、岗位序列上数据的差异及特点，聚焦需要重点关注的群体及其提升的关键问题。

（3）机构分析。通过对不同机构的分析，可以快速了解整个组织不同公司、事业部、部门等二级组织的得分，直观地看到不同团队的差异，进而把握各分支机构的提升关注点，并发现相对需要重点关注并提升的机构。

组织诊断系统报告按照部门一键生成，可根据分析要求，灵活定位不同问题及层级、年龄、部门、序列群体（如图7-3所示）。

图7-3 组织诊断系统报告管理示意图

Y公司在统计分析时，设置四个梯度对各下属分公司进行区分：敬业度处于80%～100%时，是最佳地带，也就意味着该分公司属于高绩效或最佳雇主地带；敬业度处于60%～80%属于稳定地带；当敬业度满意度处于30%～60%的水平时，代表企业员工的敬业度存在一定问题，组织中有50%左右的员工没有尽其所能帮助公司获得成功；当敬业度处于30%以下的水平时，往往说明公司处于剧烈变动中，可能出现员工大规模离职的现象。除了内部各机构的数据比对外，Y公司此次参照了最佳雇主的敬业度水平为88%、市场平均水平为63%这两组外部数据，以进行对标分析。

4. 对比检视出方案

当企业获得敬业度满意度分析数据后，一方面了解到企业目前存在的问题，另一方面需要针对问题提出改善意见与行动计划。结合研究调查数据，并参照各行业和企业的模型数据，从员工关系、企业文化、团队建设、人文关怀、激励方法和员工发展等方面综合设计一套切实可行的改善计划，对诊断主题输出结果和报告；对于需要进一步探讨的地方，设置专题计划；针对问题组织，设置半年度追踪调研，跟进改善情况（如图7-4所示）。

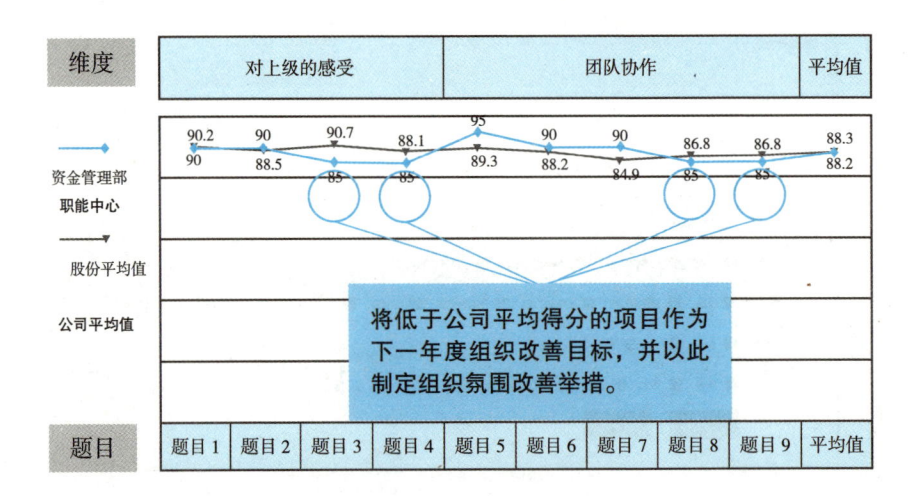

图7-4　专题改善计划追踪调研示意图

第7章
组织诊断——数据让你的组织更有温度

通过以上四个关键步骤，Y 公司完成了组织诊断的全过程，当然，我们反复提及一点：诊断是优化的起点，这意味着诊断工作不是一次性的。横向比对分析趋势，纵向比对洞悉处境，Y 公司的组织诊断每年都在持续，不仅对当年的敬业度满意度的情况进行了分析，同时还进行历年数据纵向对比，既充分了解目前组织氛围情况，也直观地看到组织氛围的变化。通过持续的跟踪对比，企业可以不断调整改进方向，构建最佳的组织氛围。同时，组织调研的议题也在持续更新，Y 企业第一年关注春节期间各部门留任情况以及员工福利，根据调研结果提前对春节期间企业人员安排做出部署，使得在突发疫情情况下仍然保持一线平稳运行；第二年的关注点则变为对基层管理者的评价调研，以及员工在新城拓展中的流动意愿度；到第三年，则是从企业文化的角度探寻员工长期留任的可能性，及时找到问题所在，从而创造良好的组织氛围。

回应到上文提及的组织诊断项目的典型实施挑战，其在"入口、过程、出口"端存在诸多风险点。

- 入口：员工参与热情不高，没有足够的回收率；由于人本能的防御机制，导致数据参考性不高。
- 过程：员工端作答体验不好，调研流于形式，敷衍作答；组织者过程监控比较麻烦，增加不必要的工作量。
- 出口：数据分析及报告制作冗长，拉长项目周期；缺少后续动作，未能促进行动改善。

借由数智化组织诊断系统，通过匿名举措的设置，确保数据真实、有效；通过即时互动云技术，营造轻松、游戏化调研体验；通过技术手段灵活分配权限，实现过程可控；通过云计算技术，灵活、快速获取分析结果。以上种种举措的实施，推进了组织调研的深入及持续度，持续促进组织绩效的提升。

总之，组织诊断系统是数智化人才管理的关键组成部分，也是"智慧才报"中组织温度的数据来源，从组织系统的视角梳理企业现存的直接或潜在问题，并通过数据驱动和挖掘洞察，以组织范围内各层面的价值视角完整立体地评估问题，为高效透彻地解决关键组织议题提供强有力的支撑。

回归本质，无论组织与人的关系如何演变，组织都需要营造一种内在舒适的环境，才能让员工如鱼得水，尽情施展才华，为组织所用。数智化时代的到来，让我们通过数据，有望打造一个更有"温度"的组织。

第 8 章
定义人才——数字勾勒人才画像

企业的人才管理需要借助一致的准则对人才进行评价，判断他们是否具备或者仍缺少哪些条件，从而指导企业开展人才管理工作，这一切工作的前提都依赖于人才标准的建立。"4-F框架"应用层的人才画像系统，即为人才定义做服务。

人才强企，标准先行

人才标准经历了从体力到智力、经验和业绩，再到能力和潜力的变迁，其表现形式也从 20 世纪 80 年代美国戴维·麦克里兰教授提出的"能力素质模型"逐渐演变为互联网时代的"人才画像"。无论其内涵和形式如何变化，采用的手段都是能力的行为化，以任务为基础，用可观测的行为来判断不可观测的能力。人才标准承载着企业对人才队伍的核心要求和整体期望，更是对于"在企业不断发展的过程中，我们到底需要什么样的人才"这一核心命题的回答，如何系统全面地构建人才标准体系，精准设定人才标准，以此来牵引人才队伍建设，是人才强企战略的先行关键。

自从戴维·麦克里兰教授提出"素质"的概念及其应用方法以来，"能力素质模型"就逐渐成为企业人才管理竞相追捧的"标配"工具，不少企业借助专业咨询机构协助建立模型，或者借鉴外部方法自行建模。"能力素质模型"的建模方法从传统的战略文化演绎、BEI访谈到建模工作坊、卡片建模等方法的逐步迭代，很大程度上解决了建模过程过于繁琐、耗时的问题，使得建模过程更加高效便捷。企业在建立"能力素质模型"时，重点会关注水平面以下的"自我概念、特质和动机"等隐性特征，因为隐性特征是优秀人才区别于普通员工的关键因素，并基于此提炼出一系列高度凝练概括的素质项和行为指标，例如客户为先、引领变革、驱动结果，希望以此明确用人导向，引导人员行为发生转变。这样建立的能力素质模型体现出某一类群体所需要具备的底层特质，相较而言，对于胜任目标岗位所需要具备的专业知识技能和经验要求则不太关注。

除能力素质冰山模型之外，另一个与人才标准有关、被广泛提及的便是任职资格要求。任职资格要求通常是针对某个具体岗位，为了明确该岗位任职者履职所需的基本条件而建立，包括学历、工作经验、知识技能等条件，也包含能力素质的相关要求。不同于能力素质冰山模型，任职资格要求着重体现了知识、技能、经验等冰山上的显性特征，更关注岗位的基本条件，是决定"能"或"不能"任职于该岗位的门槛要求，使得人才评价更容易进行。

综上所述，能力素质冰山模型是一类群体高度凝练概括的底层素质要求，在人才评估中发挥关键作用，但往往忽略了岗位特性，且较难观察、不易评价；任职资格要求关注具体岗位的知识技能经验，虽然更易评价，但过于关注具体岗位，而难以提炼总结形成一套具有战略高度的用人导向要求。从某种程度上来说，能力素质冰山模型与任职资格要求有一定互补性，但即使同时使用，似乎也依然无法系统全面地体现出人才标准的全部内涵，从企业建立人才标准的初衷来看，需要回答两个关键问题：

- 是否全面体现了企业当前和未来一段时间的用人导向？
- 是否真正发挥出其在人才选拔、评价、培养等方面的应有价值？

作出回答并不容易。究其原因，不是这些标准有问题，而是这些标准背后对于组织模式的理解需要更新，说得直白一点：时代变了，工具有些过时。如果企业仍旧是金字塔组织，员工应该各司其职、各管一段，那么工业经济时代的素质模型没有任何问题；但如果企业是平台型组织，员工应该无限协同，创造用户价值，似乎就很难操作。数智化时代对于人才的能力素质已经提出了全新要求：要求员工能够快速理解用户需求，快速形成创意，快速组织资源生产出产品，快速推动产品在市场上变现等。这直接挑战了原来工业经济时代的各种素质模型。大量企业的 HR 部门无法自主开发素质模型，他们只能是应用以往的经典，于是"画像"和"盘点"的结果可想而知。形象地说，用组织模式的"老地图"，无论如何都找不到人才标准的"新终点"，那些精准的模型和标准反而给企业出了道"无解的题"。

数智时代的人才管理坐标

不同的时代需要不同的人才。过去，从产业间供需模式，到企业的内外部环境，都相对稳定，因此那时的人才也与"稳定性"高度相关。在高度稳定的组织里，人才往往是指在稳定结构中积累了丰富经验的人，他们在稳定环境中通过持续的反馈，积累提升相关能力，精益求精。今天，每一个组织，哪怕是最传统的那些行业，都在强调怎样快速面对变化，人才的定义也随之发生改变。从根本上说，这是商业环境的深刻改变以及由此引发的企业和组织变革所致。

传统人才标准的建立过程极度依赖大量调研分析、大样本量的 BEI 访谈（行为事件访谈）编码的建模方法，其局限性越来越明显。

首先，动辄三个月起步的建模周期太冗长，抛开成本不谈，当模型交付时，岗位定义可能已经发生了变化。

在过去的十几年里，大部分企业的组织架构比较稳定，很少发生变化，企业战略长期可控，企业组织稳定，岗位与能力模型明晰。构建能力模型的做法是请专业的咨询机构，进行深度调研、访谈和一系列分析，然后用 Bars 或者 Key Behaviors 方法做出一整套素质模型，最主要的建模方式包括了战略文化演绎、问卷调查、专家访谈、焦点小组访谈、编码、企业对标等一系列过程。建模操作流程相对复杂，一般要耗费较长的时间以及较多的人力、物力的投入。视职位序列的复杂程度，这个周期一般是 3~6 个月。企业花费大量的人力、物力构建起来的任职资格体系，可以帮助企业构建精准的岗位胜任力模型，无论是精细度还是适用性都非常高，构建一次模型可以供企业内部长期使用，过去可以使用 5~10 年，现在只能用 1~3 年，甚至更短。在组织战略变革速度加快，新技术与新问题层出不穷的情况下，半年时间足以让一些职位的工作范围、能力要求发生新的变化，曾经的关键岗位不再是关键岗位，或者关键岗位的技能有了较大调整。确切地说，精心打造的模型面世之际可能就是其过期之时。

其次，这种方法比较依赖大量的现任岗位的绩优人群，可是我们看到很多组织转型变革中，别说绩优人群了，连岗位都是新的，"按图索骥"找不到这类人才，"按图施工"也培养不出这类人才。

在业务平稳发展时，岗位的重要性和要求相对稳定，企业通过"岗位"这一桥梁，联接业务战略和人才发展。"岗位"是企业战略和人才发展的桥梁和抓手，比较传统的、业务模式很稳定的行业，都可以按照这个思路开展关键人才培养。通用的能力模型，解决了 VUCA 时代"先有萝卜还是先有坑"的难题。原来我们假设的"人岗匹配"，因岗找人、培养人，其前提是岗位是可描述的，相当于先挖好"萝卜坑"（岗位）再找合适身形的"萝卜"（人才）。在 VUCA 商业环境下，很多的创新和增长机会都出现在跨界领域，企业也会进入新行业，探索前沿领域的新业务，市场上不存在打样和标杆，企业需要的岗位、技能、能力也会迅速变化。现在我们发现越来越多的岗位并不存在边界，我们将人才放在一个岗位上，不设限制，岗位反过来是靠人才去定义和拓展的。传统建模方法比较依赖大量的现任岗位的绩优人群,可是我们看到很多组织转型变革中,现有的人才普遍不达标,基于这个人群BEI访谈的能力模型本身已经落后。也就是说,在新业务下,没有成熟的经验,所有企业都在摸索创新,越迅速地输出有效成果,越容易抢占先机。这种商业环境下,高效的人才管理和信息流动是促进组织进化的动力和保障,"岗位"这一桥梁摇摇欲坠。

再次,与评估体系、发展体系接轨的难度大,这也是很多人才标准无法落地应用的根源。

当人才标准发生变化,为确保人才管理体系的完整一贯性,评估、发展的相关工具和方法必须同时跟进,在商业环境相对稳定的情况下,企业岗位相对可预见,企业常常站在人才梯队健康度的视角,从岗位出发,设计和开展人才发展的项目。如今,业务战略快速更迭,岗位本身存在很大的变数:基于岗位重型的技能矩阵、胜任力模型,对于受市场环境影响较大的企业来说,也变得有些像鸡肋了。与此同时,继任者计划往往周期长,投入资源大,当业务快速变化,继任者就容易陷入尴尬境地。也就是说,如果这套模型再不能灵活地随需调整,不仅本身将失去指导意义,同时根据这套模型所设定的评估工具也会随之失去价值。过往逻辑自洽又具系统性的模式,显得僵化、落后,很难跟上组织变革的新节奏。

此外,我们必须要意识到,传统建模大多是企业HR部门或第三方咨询公司参与构建的,业务部门参与度很低,在建模之初"被访谈",交付之时"被告知",这就导致企业内部对人才模型的认可度不高,需要在内部多次宣贯才能将模型应用到实际人才管理过程中。很多时候因为HR部门和业务部门没有达成共识,经常会遇到辛苦招来的人不被业务部门认可的情况。对于一些显性的特征,如学历、工作经验等信息,双方容易达成共识,但是对于岗位所需要的能力、潜力、个性等,双方均持不同立场,如果前期双方没有达成共识,就容易导致招聘到的人才与业务部门的要求不相符。

在今天这个数智时代，建立人才标准追求的不只是快，而是在满足战略、速度、应变和协同等基本原则的基础上取得平衡，具体表现为以下三个坐标（如图 8-1 所示）。

敏捷建模
·建立和优化模型的过程成本最优，可以快速完成建模并且应需而变，能够支撑企业战略实现对于人才标准的需求和变化。

应用整合
·定义人才和后续的评估人才、发展人才等流程有机整合。

组织能力
·基于组织能力选拔培养人才；
·跨过"岗位"这一步，以"工作任务"作为载体开展组织和人才管理，直接解决人才发展与业务战略的承接问题。

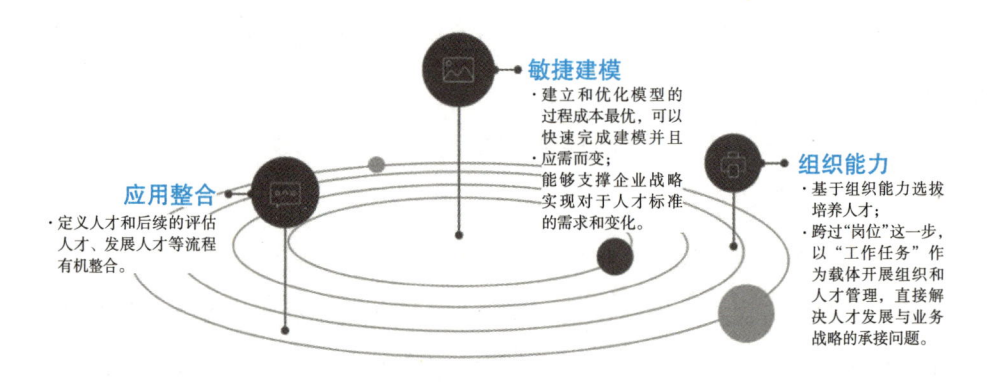

图 8-1　数智时代的新人才坐标

坐标 1：敏捷建模。建立和优化模型的过程成本最优，可以快速完成建模并且模型可以相对容易地实现应需而变，能够支撑企业战略实现对于人才标准的需求和变化。

坐标 2：组织能力。以创造价值的战略业务为导向发展人，以动态与外部的视角直接助力不断变化的业务要求。这种模式越过许多"定结构""定编制""定职责"等以"岗位职责明确稳定，岗位间差异显著"为前提假设的传统人才管理流程，跨过"岗位"这一步，以"工作任务"作为载体开展组织和人才管理，直接解决人才发展与业务战略的承接问题，实现人才与业务的同步成长。

坐标 3：应用整合。这是最重要的，通过建模能够把定义人才和后续的评估人才、发展人才等流程有机整合。建立能力模型不是目的，在人才管理体系中如何应用才是关键。一个一以贯之的人才标准可以确保在雇用、培训、评估、发展、晋升以及给付薪酬等诸多场景下使用同一套语言。本质上，着眼于未来的人才标准，能够有效优化企业未来的人才结构，应对激烈竞争和复杂多变的商业环境，但这些价值都来源于能力模型在评估和发展体系中的落地应用。

数智时代更加强调基于组织能力的人才数据，是根据业务战略确定组织能力，基于组织能力选拔培养人才，再对这些人才池中的人才委以战略分解后的工作任务，即将"人"与"任务"的指标相互呼应起来。我们可以根据不同阶段的任务用算法进行匹配，人才的数据标准化除了常规的信息字段的标签统一和语言统一外，更多的是以终为始，用与"任务"相匹配的角度来制定标准，标准化的最终目标是易于机器识别，提升效率，为算法做好基础性工作。以"工作任务"作为载体开展组织和人才管理，是企业能够实现敏捷性的原因之一。以组织能力为基本要求开展人才发展工作，将是人才管理的一个重要趋势。

基于人才管理平台上的人才大数据、能力模型库、量化的本土行为数据，将零散的数据以"组织能力数据"的样式进行标签化处理，挑选出适合企业不同阶段、不同群体的文化和战略能力词条，通过科学的建模逻辑和思维进行设计，就可以敏捷有效地建立自己的标杆人才画像。

比如，大部分企业希望通过数智化技术去发掘、培育绩优销售人才，如何实现呢？分析三年绩效连续为 A+ 及以上销售员有什么相同特质，用大数据机器学习的方式去发现共性特征，通过对大量绩优员工的画像数据叠加分析，我们便能够绘制出最适合企业的人群画像，以及整个组织画像，并生成销售人才模型，以此模型对新招聘销售员的绩效产出进行预测，以及在内外部人才选拔过程中辅助决策。这样通过对数据进行深度的建模和钻取，将人才数据分析从"精准表达"变为"找准趋势"。

敏捷定义新人才

数智化人才画像是根据"交互设计之父"艾伦·库伯提出的"Persona"（虚拟代表、人物模型）观点演变而来。简单来说，就是将生硬的人才标准变成生动活泼的人物形象，给理想中的人才"画个像"，从而使企业对人才的识别和评价更加简单易行。拿着这张画像，走在大街上，一眼就能知道谁是你需要的人。精准的表达是：组织内的人看到人才画像，立刻就知道说的是谁；组织外的人看到人才画像，就知道是什么岗位，也认为这个人一定能够在这个岗位上做得很好。

人才画像并不完全是 HR 部门的事，如果 HR 部门不懂业务和技术，更是难以完成。人才画像是老板、用人部门和 HR 部门共同描绘出来的，老板对人才价值观层面提出要求并把关，用人部门管理者规定业务和技术要求，HR 部门用规范的方式和语言描述出来。业务部门在建模中发声，除了确保模型更精准符合业务需要之外，还有一个收获在于，当他们参与到这样的模型共建过程当中，对模型的理解以及后续应用的支持会更好。

如何确保业务指标转化为能力语言？在过去的几年里，卡片建模的方式就已经着手让业务部门管理者们一起参与建模过程，共同研讨商业战略、岗位挑战以及为应对挑战需要具备的关键能力。业务部门作为能力定义的决策者参与进来，多方各抒己见，最终达成共识，并且是以一种轻松、有趣、敏捷的方式进行。这种方式建立的人才画像既能得到业务部门的认可，也能使得人才画像的准确性更高。在数智化时代，"卡片建模"的方式将越来越多地通过"系统建模"实现。

系统建模不仅快速而且有效，除了系统中有大量长期研究并提炼出的能力大数据、定制量化的本土行为数据外，基于严谨的建模逻辑和思维进行设计，可以协助企业轻松快速地建立企业自己的标杆人才能力标准。系统建模的流程主要包括确定模型名称、模型库参考、确定模型结构、确定模型指标、生成模型五个方面。

- 确定模型名称：根据行业、层级、岗位等不同，确定适合的模型名称。
- 模型库参考：人才画像系统具有丰富的模型库，可根据行业、层级、岗位等进行模型搜索，亦可收藏，便于后续建模过程中进行参考。
- 确定模型结构：通过模型结构库中的分类进行查询及拖拽，或者根据企业需求自定义结构名称。
- 确定模型指标：在不同的结构名称下，通过指标库中不同族群的指标进行指标添加，或根据企业能力要求添加自定义指标名称。
- 生成模型：可进行模型局部调整，最终生成并下载模型。

在这样的流程引导下，多方协作的建模工作可以有条不紊实施，零基础人员也可以顺利完成建模。基于以上的理念，我们研发出 Talent Profile@ 建模系统，以在线的方式，用时几个小时的会议就可以在系统上构建一个岗位序列的通用能力模型；也正是因为建模过程的敏捷化，当组织对于岗位的定义发生变化、再次调整甚至重新构建时，都会相对容易，实现灵活应变。Talent Profile@ 建模系统作为一种敏捷定义人才的技术，是企业数智化人才管理中非常重要的组成部分。

一方面，依托于 IT 技术，指标库（100+）、模型库（300+）的数据基础打破了地域等线下因素的限制，敏捷高效低成本地构建了岗位人才画像，同时实现了与业务部门等用人单位的人才标准共识；另一方面，通过系统构建的人才模型及相关数据，可直接应用于系统中的素质测评系统、360 度评估系统、人才盘点系统等子系统，打通了组织人才数据，贯穿人才管理全流程，可以常更常新，夯实了数智化人才管理平台的数据基础。

企业在建立人才标准框架后，能够实现系统全面地定义和识别人才，"七力花瓣模型"等人才标准框架能够帮助企业（尤其是大中型集团型企业）统一对于人才要求的话语体系，促进多方对"具象的人"达成共识。在进一步完善人才标准的具体条件时，使用"人才画像"的方式则能更加生动形象地进行描绘，从而提升人才标准的可读性和易评价性，进而受到更多企业的青睐。

如果以人才标准基本框架比作骨架，那么用人才画像的方式去描绘其中的每一项具体条件，就好像在骨架中填充了血肉、注入了灵魂，使理想中的人才形象更加活灵活现、如若眼前。画国画时，先勾勒出画面的轮廓，然后再着色，使画面色彩斑斓，更加鲜活。没有轮廓则无形，没有颜色则不美，轮廓与颜色互相配合，才能相得益彰。

| 第 9 章 |

全面评价——数智化人才评价，洞见人才价值

评价是"定义人才"建设标准的后续步骤，通过这个"照镜子"的动作，我们可以了解到企业目前的人才能力现状如何？与能力标准之间有什么差距？企业目前的人效和人才充足率如何？很多企业在高速发展的背后，人才发展要求不明确、人才储备和梯队不清晰、人员冗余和结构性稀缺并存、专业和管理能力有待提高等一系列人才管理问题，成为持续发展的掣肘，这些问题均与人才评价息息相关。

人才评价的价值就在于主动掌握组织的人才现状，以便有效地配合组织发展。按系统划分，评价包括素质测评、360 度评估、AC 评价中心、智能考试等；从内容来看，可以分为胜任力测评、价值观测评、潜力测评、自我认知等；从其应用场景来看，包括招聘、盘点、晋升、高潜、梯队建设等方面（如表 9-1 所示）。

个人、组织分别需要什么样的评价？

说到评价，我们脑海里很快就会浮现一系列评价工具的名称：素质测评、360 度评估、行为面试、评价中心等。为什么我们在评价人时，需要这么多的工具？为什么不能只靠我们的经验判断，靠肉眼可见，或者就用面试这种方式就可以做出评价呢？那是因为在众多的测评工具及方式背后，有一套系统

的逻辑框架,切勿本末倒置。

表 9-1　全面评价框架

	素质测评	360 度评估	评价中心	智能考试
按系统划分	标准素质测评、领导力测评、领导风格、管理潜力、校招测评……	民主测评、企业价值观测评、在状态测评……	公文筐、案例分析、结构面试、角色扮演、情景挑战、管理游戏……	专业知识考试、岗位技能考试、行测……
按内容划分	胜任力 基层、中层、高层胜任力测评、岗位胜任力测评	价值观 价值观测评、动力需求测评……	潜力 管理潜力测评	自我认知 16PF、MBTI、DISC、大五人格、职业锚、动力需求、心理健康
按应用划分	社会人员招聘测评、管理人员招聘测评、大学生招聘测评、管理培训生招聘测评……	人才盘点、年中或年终员工考核、晋升选拔、职业发展……	领导力发展、高潜人才、人才梯队建设、培训诊断……	知识技能考试、人岗匹配、团队配置、企业决策……

评价向来是个技术性难题,要做好人才的评价工作更是难于上青天,我们经常碰到这种情况:员工评价结果很优秀,都是 90 多分,但是企业业绩却没有得到提升,或者很多问题其实并没有得到解决。

原因是什么?企业评价的内容不是企业所需要的。

评价不是闭门造车,不是坐在办公室里设计指标,借助一系列眼花缭乱的工具做测试,而是经理人员们好好讨论企业目标实现的路径是什么,这些路径中,现实是什么?存在哪些问题和差距?应该做什么?要做到什么程度?考核什么?标准是什么?相较于选择什么评价工具和指标,这些问题更为本质和关键。追本溯源,我们简单梳理组织和人才两个视角对于评价环节的诉求:

(1)组织集体视角。通过多维度评价报告,实现组织整体人才诊断,使人才发展与企业发展相匹配,并推动评价结果在发展端的应用,落实人才发展规划。使人才成为企业的竞争优势,进而展现人力工作价值,具体而言包括:

第 9 章
全面评价——数智化人才评价，洞见人才价值

- 全面评估组织的人才数量、质量、结构、流动状况，明确优化方向。
- 聚焦特定人群，评估梯队建设情况，为人才管理策略提供依据。
- 基于评估报告全面、准确、有理有据地纠正用人偏差，增加看人视角，为干部调配和任免提供决策参考。
- 通过部门人才评估报告及发展建议，帮助部门负责人基于团队管理视角，了解业务范围内整体人才数量、质量及在组织内的情况对比。

（2）人才个体视角。通过全面科学的测评报告了解自身长短板和提升领域；通过反馈了解组织发展期待，明确自己的职业发展方向、实施路径和提升举措，强化对组织的归属感，焕发职业热情。

了解两个视角的需求后，我们再来看评价体系背后的逻辑——三级分析体系，该体系从三个方面对人的评价进行了拆解（如图9-1所示）。

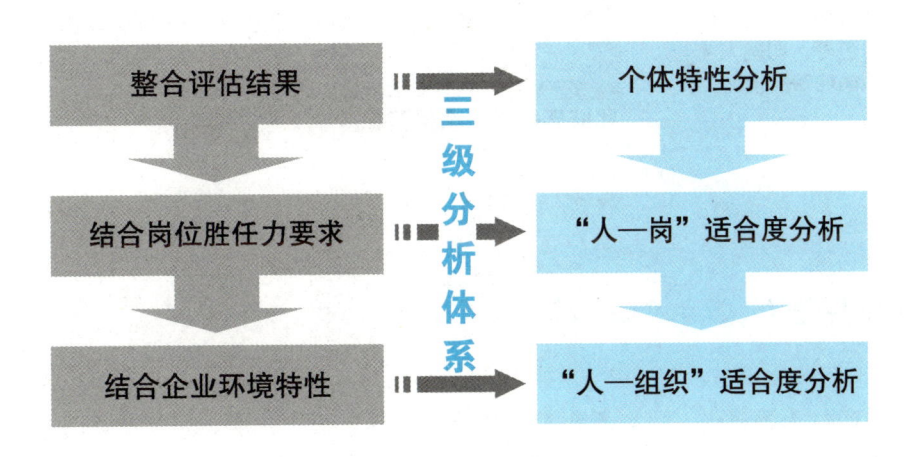

图9-1 人才评价的三级分析体系

第一是对个体特性进行分析，第二是对"人—岗"适合度进行分析，第三是对"人—组织"适合度进行分析。在招人或者是选人时，运用这三层分

析体系，就能够对一个人做出不同且全面的评价，每一个体系对应的是不同工具的使用。这三层体系同时也兼顾了组织和人才两个视角。

基于以上理念的梳理，我们提出"CCTV 评价模型"，从"整体胜任度匹配、文化匹配、团队匹配和意愿匹配"四个方面入手，结合组织和人才的实际需求完成评价系统的灵活定制，一方面实现"人—岗""人—组织"匹配评估的准确度和完整性；另一方面帮助企业找到高质量稳定发展的核心人才，完成人才识别和人才评估两项关键的评价工作。简而言之，识别关键人才，绘制人才地图（如图 9-2 所示）。

	整体胜任度	文化匹配度	
从测评报告中看到人才与目标岗位核心能力的匹配度。	C	C	从测评报告中看到人才与企业或组织文化的文化匹配度。
通过领导风格、团队角色等，明确人才与团队的匹配情况。	T	V	通过动机价值观、兴趣爱好等看到人才对于应聘岗位的意愿度高低。
	团队匹配度	意愿匹配度	

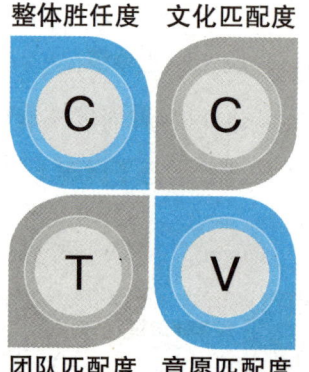

图 9-2　人才匹配 CCTV 评价模型

整体胜任度（Competency）

通过测评报告，可以看出整体胜任度的匹配度，招聘方可根据企业实际情况选择人才，用人方可以根据企业现有人才的实际测评情况，找出与岗位要求能力的差异，确定岗位调整的参考维度，寻求有效的提升方案。彼得·德鲁克曾说过："高明的管理者，都懂得用人所长，而不是盯着缺点不放。"这个世界上，没有真正全能的人，更多是在某方面特别有能力的人，所以 HR 部门或管理者在招聘人才时，需尽量扬长避短，使其发挥长处的同时，将其短处所带来的不利影响降至最低，也就是说这个短板不能是该岗位的核心特质。

比如一位技术人才，专业能力很强，但不喜欢跟人打交道。管理者就不该贸然让他出任需要大量与人沟通的职位。对于这些专业知识型工作者，如医生、研究员、会计和技术工程师等，与其让他管理团队，不如给他更具挑战性的专业工作，能够让其工作更有动力和成就感。想要用人之长，首先需要了解个体的优势和缺点，用对人才就会事半功倍。

当个人完成素质测评后，系统会结合数据分析形成不同层级的九宫格落位图，组织可以清晰地了解不同员工的落位情况，以及从组织整体的角度了解员工分布情况。不仅能够帮助组织快速地了解组织员工现状，也帮助组织在今后可以针对不同人群采取差异化的管理策略以及人才培养方案；同时通过对员工的重新配置，实现企业人力资源水平的整体提升。

根据人才测评结果，企业可以根据经营战略的需求，对内部员工进行重新配置。对于绩优及高潜员工，企业应根据共性短板设计有针对性的培训，并将其纳入企业核心人才库；对于绩效尚可但潜力不足的员工，要根据其能力特征，可以作为其他人员的"导师角色"，以便发挥其自身最大的潜能；对于绩效偏差且没有潜力的员工，无论其绩效还是潜力都与当前岗位要求差距太大，需考虑调岗或者降职，准备接班人，以保证团队拥有强大的竞争力。

文化匹配度（Culture）

在能力胜任的同时，也需要关注员工与企业文化的匹配度，这涉及员工是否认可组织价值观、能否融入组织文化氛围。每个人都会有自己适合的文化氛围，一项对687人的追踪研究表明：员工个人价值观和企业文化的匹配程度能够有效预测员工对组织的情感承诺和留任意愿。也就是说，员工与企业在文化价值观方面的匹配度越高，对企业的目标和价值观的认同和接受程度也越高，同时员工想继续留在当前组织的意愿也更强。

通常情况下，基于文化匹配选拔的员工，开始做贡献的时间更早，表现更好，任期更长；相较而言，文化匹配度低的话，士气会降低，生产率会下降，冲突会增加，顾客满意度会降低，员工离职率会变高。寻找文化匹配度最高的员工，对最大化个人效率、创造力以及组织总体绩效都非常关键。这就很容易理解被誉为"最佳工作之地"的谷歌公司在招聘时特别在意寻找正确的谷歌人，也就是有着谷歌精神气质和做事方式的人。

团队匹配度（Team）

以前企业非常强调"人—岗"匹配，但未来要完成一项工作任务，所需的能力要求越来越复杂，一个人往往无法完全具备。因此，强调"人—岗"匹配的同时，管理者越来越关注排兵布阵，让团队变"对"。排兵布阵的关键是提升人与团队的匹配度，针对不同类型的人才，根据团队角色、领导风格、关键能力等进行适度组合及搭配，以实现互相补位，合理地完成工作任务。团队内部如果都是"孤狼"型人才，就容易发生摩擦；如果都是"考拉"型员工，就没有人做出决策。一个好的团队配置，应该取长补短，达到平衡。

意愿匹配度（Value）

兴趣、动机、价值观是冰山模型中的隐性因素，也是一个人是否愿意做事的重要影响因素。人才招进来，若不给他们发挥才华的机会，那也是一种人力浪费。作为企业来讲，在用人过程中，要是忽视了其内在的个性特征和动力需求，将会适得其反。个性不契合，动力不足，带来的伤害会远比其工作技能不足带来的伤害要大。

评价是一个持续循证的人才管理过程，需要基于事实进行决策，需要定性和定量的数据，但并不是"用数据说话"这么简单，要有明确的逻辑框架，还要看到更广阔的决策应用。"CCTV 评估模型"可以实现以下功能：

- 基于现状：评估目前"人—岗"匹配情况如何？现有的人员稳定性如何？影响工作稳定性的因素有哪些？员工现岗位绩效如何？绩效高低的原因是什么？如何改善？
- 基于未来：评估员工的未来发展方向在哪？核心骨干是谁？谁可以进入人才池？人才培养的方式是什么？

值得一提的是，在参与了众多企业的人才评价项目实践之后，我们发现，除了科学系统的评价工具外，有一个重要的人才观念区分了优秀企业和一般企业，即打破人才私有化，实现人才统调综效。

要想实现人才 ROI 最大化，各事业部负责人需要像重视"资本配置"那样重视"人才配置"，这就有必要在全公司范围内盘点与这些战略能力密切相关的所有人才，盘点他们的任职部门、绩效表现、胜任度和未来潜力、薪酬水平等。借由这些人才盘点的详尽资料，决策者们一方面可以充分有效地关注、任用、培养这些关键人才，同时也要保证这些关键人才不会被某个事业部雪藏或者私有化。在很多组织里，顶级人才往往被限制在一个部门内，其他部门的领导者并不能看到。最优秀的人才应当被视为公司共有的资产，而不是某一部门的财产。人才是整个公司的资源，公司总部应有权利进行调配，比如集中优势兵力去攻克技术难题和竞争难题。当年佳能发现数字激光打印机市场大有可为时，它授权该事业部负责人到其他事业部挑选相关顶级人才，从而以最快速度推出产品。唯有如此，才能在整个公司内高效"点兵点将、排兵布阵"。

人才评价的数智应用升级

在数智化背景下,组织从传统的金字塔结构,逐步演变为"共生体"的生态型结构,个人职业发展也从传统的"爬梯"模式变为更为多元的"分子运动"。优秀个体的崛起促使组织在选拔人才时更多地考虑个体感受,并最大程度丰富评价的全面性,以确保"关键人才"选择和匹配的成功率。"4-F框架"工具层的全面评价系统,在数智时代的技术应用上呈现出以下升级方向。

灵活升级

1. 场景灵活

数智化时代下,需要评价系统实现场景全覆盖,不管是企业人才的培养发展,还是员工的竞聘选拔,抑或是进行人才盘点,管理评价系统可根据实际情况进行场景选择,同时可一次性检测多个岗位的胜任力指标,按照不同岗位的人才标准,出具不同报告。

一般而言,在系统进行测评前,评估的模型与题库都会经过反复优化,以确保专业度和严谨度。当企业的组织结构比较复杂,管理人员较多时,这个工作周期就会相对较长,若能基于第三方咨询公司丰富的测评产品模型指标库,选取指标后分配到企业客户端,管理员可以进行自由组合,根据不同的需求灵活定制产品;或者通过指标库定制产品,分配给员工直接使用(如图9-3所示)。

2. 内容灵活

对于评价内容提出了更为灵活的组合要求,不仅关注人才的外显行为和业绩产出,还需要结合通用评估、胜任力评估、人格评估等多种测评工具全方位来评估员工,评估内容包括业务能力、沟通技巧、人际关系、领导能力、行政能力等,实现人才的能力、潜力、特质、动机、价值观、社会能力等维

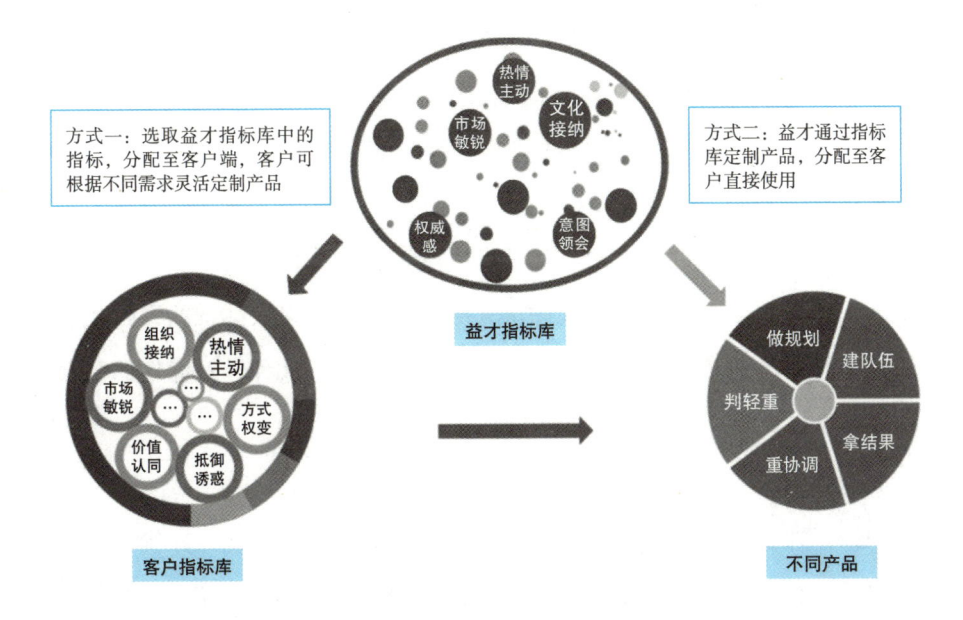

图 9-3　场景灵活示意图

度全面且多元的评价。

3. 手段灵活

通常而言，手段越复合对评价对象看得越清晰，单一手段一定是偏颇的，不够全面立体的，企业可依据不同目的和评价的精度要求，采用不同的测验手段，对于海量评价工具任意选择。这需要评价系统具备多种测评工具，实现针对不同岗位、不同阶段、不同层级的企业员工进行测评，使人力资源管理工作更为省时省力。

管理升级

在数智化时代，人才评价在人才管理的各个场景中都能够较好地应用，方便的管理操作能降低使用门槛，不仅人力资源部可以管理，不同组织的业务负责人，不同条线的主管都可以有相应的管理权限。多个子管理员，基于不同的组织进行互无干扰的管理。用人部门的深度参与始终是评价工具的核心设计理念。不仅是测评的形式逐渐转为线上，背后的要求是移动化和快速化，降低传统测评的操作门槛、时间和地域限制，随时随地实现测评。

1. 进度管理

例如在测评进度上，管理员除了可以统一管理测评活动，了解测评整体情况外，还可以实时看到每位被评价人的评价进度，以及详细的评价状态，对于还未评价的员工，可以针对性地群发提醒邮件。这种针对评估的管理就更加清晰，极大提高了评估管理的效率。

2. 操作管理

例如，评价人在评价方式的选择上，当需要对多个人进行评价时，可以选择单独评价或者合并评价，以满足不同评价目的与方式的需求（如图9-4所示）。

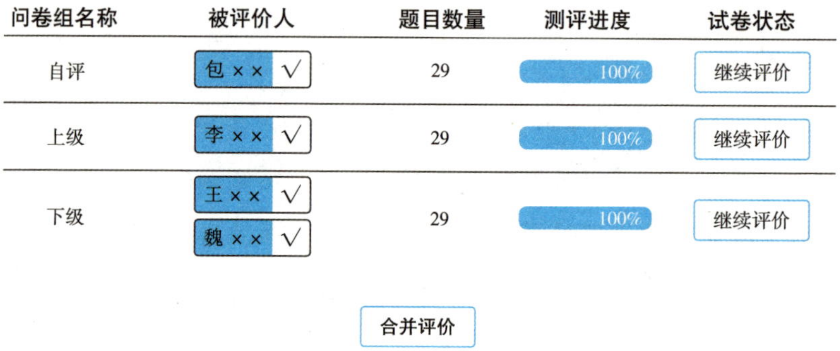

问卷组名称	被评价人	题目数量	测评进度	试卷状态
自评	包×× ✓	29	100%	继续评价
上级	李×× ✓	29	100%	继续评价
下级	王×× ✓ 魏×× ✓	29	100%	继续评价

合并评价

图9-4　操作管理示意图

3. 保密管理

如果希望评价结果更加真实，那么能否做到真正的匿名评价就显得尤为重要，当参与评价的人不希望被评价者知道自己对其打分情况，而评估又不能做到完全匿名时，那么评估结果就很有可能会失真。现实中由于组织较为庞大，对于不同的分公司或是部门，往往会由不同的 HRBP（人力资源业务合作伙伴）分别管理，能否对不同组织间被评价人的评价结果隔离，保证被评价人的数据保密，则受到越来越多企业的关注。对此，在评价系统中可根据企业组织或部门划分，管理人员只拥有对本组织下的人员进行管理的权限，并且针对不同职级的管理者，查看数据与报告也可做有针对性的权限设置，在分组织管理的情况下，最大限度地保证了数据的保密性，兼顾了效率与安全。

4. 效度管理

评价中难免会遇到评价人的评价结果全部为极值的情况（全选最高分或最低分），不同的企业用户对极值是否剔除的诉求也各不相同，人工查找数据难免增加评估的复杂程度。因此，评估系统中的"一键剔除"功能的设置就很有必要，企业用户在下载数据时，可综合考虑出现极值的原因，选择是否要剔除无效数据。

报告升级

1. 一键生成

一键生成测评报告，协助 HR 部门做出高效的人事决策，并能参照报告结果进行人才招聘、培养及薪酬福利等方面的工作，还可以导出报告数据，进行分析和存档。

2. 细化解读

对于被评价人，往往在完成评价后，对于报告中密密麻麻的文字理不清头绪，信息量太大，专业词汇过多，没有专业的解读还真不知道这份报告说的就是自己本人。由此，报告的维度设置需要更多地向用户视角倾斜，升级后的报告从模型及计分规则、评价结果、详细分析、自我认知窗口及发展建议四个方面对评价结果进行详细分析。被评价人可以通过报告中详细的分析，对自己有较为清晰的认识，并根据自我认知窗口与发展建议，发现自己的盲区与潜力区,从而改变行为,完善自我。

3.对比分析

除了内容解读外,"对比"也是报告很重要的解读视角,素质测评是常模比较数据,一方面可以人与人比较,利于选拔与评价、劣汰与择优;另一方面可以进行不同时间段的自我比较,跟踪个人的进步与成长;另外,因为有团队报告,可以进行不同团队的比较、不同部门的比较、不同职级的比较等。

以上评价工具的应用升级应结合具体的应用场景,比如外部招聘、内部晋升、调动轮岗、高潜人才选拔等,明确场景应用的目的和分工,形成使用规则后(结合对信度、效度的不同要求,评价实施的难易程度),再进行评价工具的选用组合,避免被评价工具绑架。

流动数据实现动态巡视

除了评价技术的应用升级外,通过数智化人才管理系统,可以实现从人才画像、测评工具开发、测评实施,到结果输出、人才盘点的无缝衔接,不仅大大提高了人才管理效率,同时使各项评价数据不再是彼此独立的孤岛,导入外部绩效或其他数据后,即可对人才进行盘点,并进行数据校准,形成人才盘点结果。

在数智化人才管理系统内,数据的搜集和汇总是及时流动的,个人评价结果一旦更新,就会立即同步至人才数据库,在个人看板与组织看板上进行呈现,实现人才库的动态管理、及时巡视和标签化管理。这些流动的人才评价数据不仅是知识、背景、教育、经验等外在行为数据,数智化人才评价更强调基于对被测者动态过程行为的记录和全方位的洞察。大数据具有非常清晰的记录功能,它能够记录从一端到另一端的系统数据,有了记录功能的系统数据,就能找到问题出现的原因与变化,从而决定采取什么措施,也就是通过对过程数据的记录,结合海量数据常模进行预测性分析,如回归分析、交叉分析，可以预测即将有多少人会离职，还有多少岗位空缺，预测未来可能发生什么。这些过程性的评价数据比结果性数据更具预测功能，可提供建议并帮助企业采取适当措施，甚至可以直接影响决策。

简而言之，数智人才评价极大程度上激活了组织人才的挖掘与选拔，实现了契合组织战略发展的可视化人才评价图谱，助力企业达成"能者上，平者让，庸者下"。实施数智化人才评价，可以洞见人才价值。

第 10 章
人才发展——数据驱动成长引擎

人才在"探索期、锚定期、发展期、事业期"等不同成长时期都面临不同关键点,有效把握人才在不同阶段的发展规律,结合组织对人才成长的时间和能力要求,静态上和岗位能力模型结合在一起,动态上和职业发展路径联结在一起,提供系统的培训支持,才能提升员工学习的效率和效能,促进人才有序快速成长,实现尽快尽早胜任工作岗位需求,并达到优秀水平和杰出水平,实现企业、人才的一致性发展。

基于这样的整体思考,我们提出数智时代人才发展的"三化"举措,即动态化、自主化、精细化(如图10-1所示)。

数智时代人才发展"三化"举措

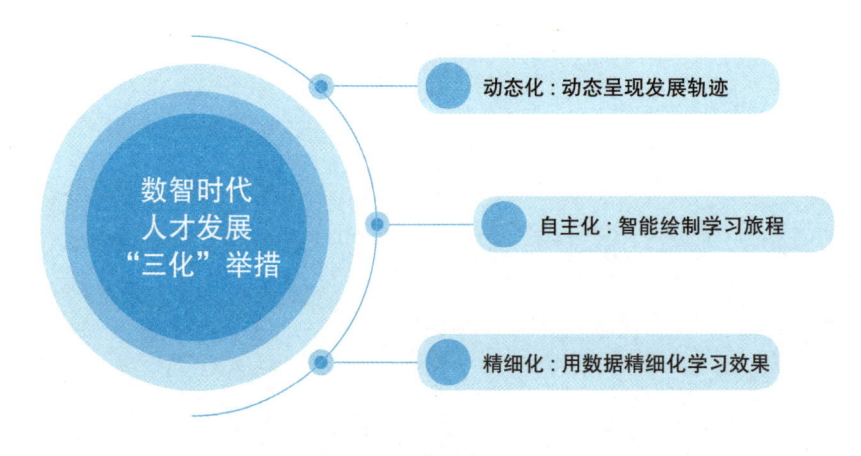

- 动态化:动态呈现发展轨迹
- 自主化:智能绘制学习旅程
- 精细化:用数据精细化学习效果

图 10-1 数智时代人才发展的"三化"举措

动态化：动态呈现发展轨迹

"动态化"指的是动态呈现员工的职业发展路径。现在众多企业越来越重视员工的职业发展，把员工职业发展提高到战略认识的高度，力求在员工个人的职业生涯与企业的发展规划中取得平衡。这一认识不仅有助于激发员工的工作热情，也有助于企业提升整体人才队伍实力。因此，除了个人层面成长发展外，组织的关心和引导同等重要，方式包括扩充职位数量、营造良好企业文化氛围、完善培训体系、实施带宽薪酬、明晰员工晋升机制等方面，解决员工的职业阻碍和职业高原等问题。

可视化职业通道，激发员工成长动力

人才发展和培训发展的重要区别，在于人才发展是以员工的职业发展为重要出发点，解决员工在组织中的"发展空间"和"发展时间"等机制问题，并以此激发员工的自我发展意愿。如果在缺乏这些机制的情况下开展培训活动，实施关键人群的培养项目，会导致员工缺乏动力、人才培养的成果应用缺乏方向等问题。因此，建立员工职业发展通道，明确人力发展方向和发展路径，是激发员工成长动力、学习动力的重要因素。企业一方面应该掌握识人、用人、育人之术，另一方面也需要明晰员工成长和晋升路径，给予员工更多发展空间。通过不同的职业发展通道和透明的职业发展体系，建立统一的评价体系，做到能上能下的晋升路径，加快企业内部人才换岗、企业内外部挂职锻炼的进程。让人人有希望，人人有奔头。

早些年不同企业有各种各样的职业通道设计，阿里、华为等大型企业对自身职位体系进行广泛推广之后，目前行业内已逐渐形成了两大类——M序列与P序列的共识。在具体的职位层级和职系设计上，可结合自身行业特点、公司发展周期，设计具有吸引力的体系。在数智化人才管理系统中，通过岗

位地图建立职位序列，对各层各类人才进行目标职位的任职资格评估，帮助员工选择职业发展路径并设定阶段目标，明确自身发展路径（如图10-2所示）。

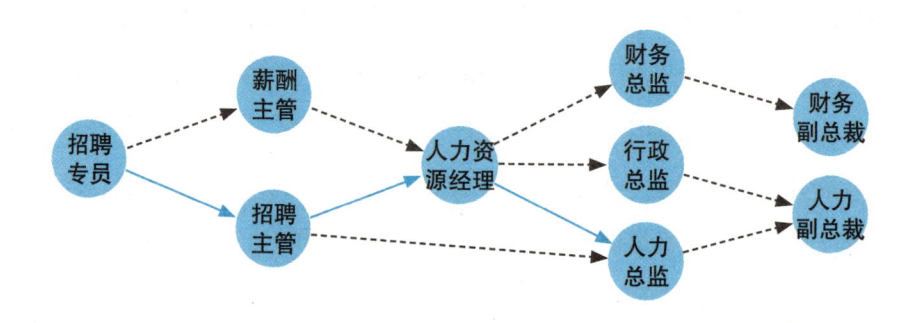

图10-2 部分类型人才的成长轨迹

岗位与职级对应，方便操作对照，员工可以在"个人界面"查看自己的岗位地图和晋升通道，并根据自身实际，以岗位地图为指引进行职业生涯规划，在不同层级、类别职位中，按纵向发展、横向发展和交叉发展等方式进行职业发展路径的可视化呈现。

继任图谱——打造组织人才孵化器

为了获取人才优势，企业通常会选择建立一支人才不断层的阶梯队伍，确保员工离职时，不会对企业的业务产生影响；同时，在内部始终保有一批训练有素、经验丰富、善于自我激励的优秀人才接任未来的重要岗位。例如，华为通过建立多梯队、多梯次的人才管道来确保公司每个岗位都有继任者，任正非曾在内部人才工作汇报会上提到："公司一定要具有人才可替代性，不能产生人才稀缺性，所以我们一直贯彻多梯队、多梯次管理。要有计划地培养多梯队、多梯次人才，朝着同一个方向，几个梯队同时冲锋。当一个梯队冲不上去时，换另一个梯队继续冲锋。将人才管道变长、变粗，其实不产生浪费问题，因为每层梯队的继任者都是实战者。"

这段表述很精准地阐明了"继任计划"的内涵。"继任计划"是大部分企业梯队建设时采取的做法，指在本岗位任职者正常任职的情况下，各部门着力发现并培养本岗位后备人选的行为。后备人选一般来自下一级岗位（往往也会适当考虑其他部门），作为本岗位的储备干部，并非取而代之，在发现并确认继任者后，结合各部门的人才发展与培养计划，给予后备人员更多的业务辅导、重点管理沟通和培训计划，使后备人选得到更大的提升，从而具备担任上一级岗位的资质和能力，是不断发现并追踪具有高潜质员工的过程。这就像"人才孵化器"，企业通过有规划的培养过程提高员工准备度，同时提高调动意愿，进而实现"有人用，调得动"的局面。

"继任图谱"即以人才地图为基础，结合公司业务条线、管理层级要求和其他人才综合特征指标，尤其是绩效管理体系输出的客观绩效为依据，形成人才筛选标准，将现有人才评估划分为各层级后备人员。"继任图谱"的价值在于：将继任计划跟岗位管理、职业发展通道、晋升管理做好接口，可视化其联动更新情况。数智化系统会依据岗位的继任情况，智能显示"青黄不接、后继有人、良将如潮"等状态，及时预警企业人才队伍的健康状态（如图 10-3 所示）。

自主化：智能绘制学习旅程

人才发展有其内在的一套严谨体系，由"分析和确认需求""建立人才标准""建立职位发展体系""识别和选拔内部人才"等多个模块组成，结合企业实际情况对各个模块进行有机结合，才能让整个体系发挥作用。"立标准""建跑道""定规则"是人才发展体系的三项基础工作，也是组织效能在个体层面的直接反应。

"立标定规"方能实现"自主化"。

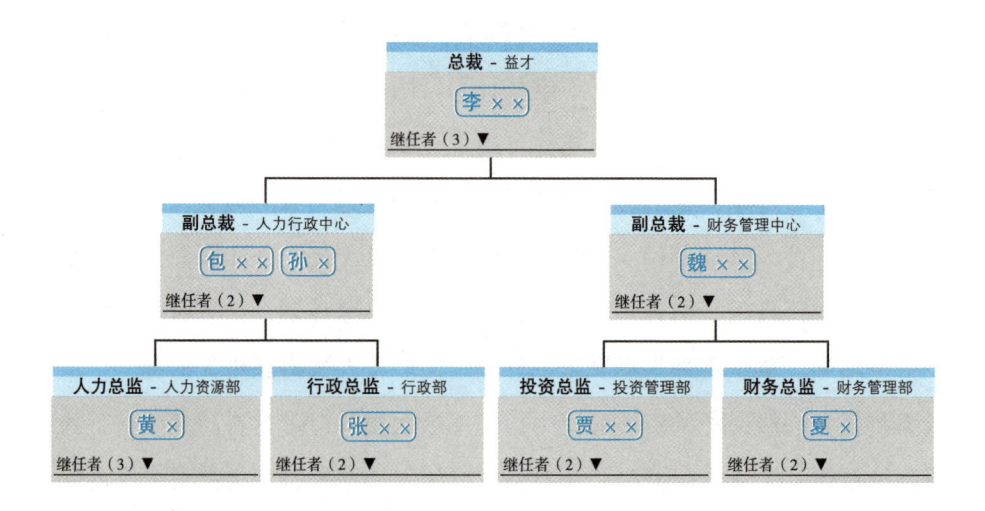

图 10-3 继任图谱举例

立标准——只发展对的人

选对人永远是企业的头等大事，方向不对，就会越跑越偏：大多数公司用 2% 的精力招聘，却用 75% 的精力来应对当初的招聘失误。很多企业为了弥补招聘失误，开展了大量的培训发展项目。与其教一只鹅爬树，不如直接找一只松鼠。与其投入大量资源做事后的在职培训，不如把重点放在事前的招募征才。选对合适的人，才会事半功倍，才会降低发展人的成本，我们尤其要清楚——发展一个不合适的人就是浪费企业资源。

北大和清华为什么招生门槛这么高？背后的策略是什么？大家都只有四年，四年之内如何把一个优秀的人培养成更优秀的人，这是需要考虑的重点。如果真的把一个普通的人放进来，培养成精英是需要很长时间的，大学只有四年的时间，很难产出高级的精英人才。这种精英教育的目的就是加速。普通培养需要学习、实践、转化、成长四个步骤，缺一不可，可是所需时间很长。

选对人，这是人才发展决定性的第一步。确定发展对象有两个重点思考方向：

（1）选能支持未来业务发展的人。现在我们处于一个大变革时代，业务环境频繁变幻，过去的、现在的业务不一定就是未来的业务。同理，我们未来需要的人也就不一定是过去、现在的这些人。所以，我们需要深刻理解未来业务发展的变化方向，根据方向来识别发展业务所需的核心组织能力及相关的关键岗位，进而确定需要重点选拔和培养哪些人。这个方面需要和组织及人才盘点紧密结合。

晋升时不应只考虑过去的绩效及能力表现，也应考虑未来的胜任力标准吻合度。例如，一位经理若要晋升到总监或以上级别，就不能仅考察其在现岗的表现，还要考虑未来晋升至总监岗位所需的能力。对未来的胜任力模型进行客观评估，做出数据驱动的内外任用决策。

（2）关注高潜比平等重要。没有潜力的人，无论怎样培养都无济于事。商业进化速度的加快压缩了每个人被发展的时间，要提升发展的效率，就应将发展资源和时间投注在那些能够为企业创造高投资回报率的人才，即高潜员工身上。以往在识别高潜的过程中，不少企业往往会认为之前的绩效好就代表未来的潜力，但绩效、潜力和胜任力是三个完全不同的概念，需要结合三个因素综合设置培养对象标准。绩效是指现岗的表现，包括结果与能力的综合评价；潜力是指能够通过发展胜任未来岗位的可能性；胜任力是指对未来角色的胜任程度，包括知识、经验、个性特质及能力。

数智化人才管理平台发展模块的第一个管理动作便是"确定发展人群"，选人的重要性不言而喻，系统会结合企业内置的人才发展逻辑，譬如梯队类项目可依据继任图谱，结合人员胜任度、准备度选择参与发展项目的人员，进入发展项目；也可依据不同发展项目的目标进行有针对性的人员选拔（如图10-4所示）。

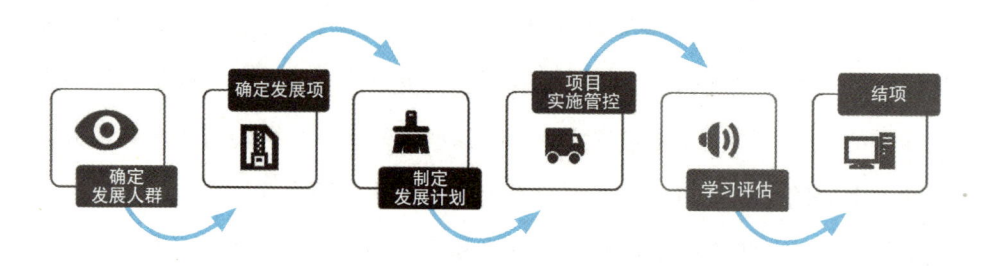

图10-4 数智化人才管理平台人才发展模块

建跑道——设置智能学习发展路径

绘制学习地图的主要原理是：胜任力对应学习内容，学习内容对应培养方式。同建模中的"编码"对应，可以说是"解码"的过程：当确定好发展的能力项后，结合项目特点、人员构成、培养目标等，围绕不同的能力提升需求，有针对性地选择在线课程、线下课程、工作坊、行动学习、个人IDP等方式，明确培养周期等，形成全面、立体的人才培养方案。

（1）站在起点，看向终点。也就是要确定发展能力项。很多企业在进行人才培养的过程中会有一个困惑——员工需要发展的能力很多，应该从哪一方面入手？大部分企业在这方面的做法是模糊化处理，笼统地称之为与目标岗位的能力差距。在具体操作上也是五花八门，那么在学习系统中如何实现？

首先，从组织的视角而言，我们认为，较为科学的方式是采取"评估性调研+素质测评"的方法。

- 评估性调研：不仅仅是对课程及案例进行调研，更需要侧重了解战略及组织对员工的要求及群体学习特征。
- 素质测评：针对员工群体能力测评结果进行分析，找到该群体的共性短板和关键差异，兼顾"拔高"和"拉齐"这两个指标，结合前期的测评数据，通过系统内置的离散度分析和算法，推算出该群体的待发展能力项。简而言之，就是对那些培养之后能使团体整体提升较大或较快的能力项进行重点培养。

DDI 的调研数据显示：真正能够通过大量培训和发展养成的能力不到 35%，譬如战略思维、数字敏锐度、驱动创新以及敏捷度等，均较难通过培训实现发展。这个观点至少给我们两个启发：

- 启发一：选才或任用应该关注重要且难以培养的能力。企业需要重新检视选才、晋升及培训的体系，不是因为培养难，而是有些能力真的培养不出来。
- 启发二：不要将培训资源过度投注在难以发展的能力方面。企业往往会耗费大量资源为中高管培养诸如战略思维、驱动创新等能力，这些能力当然可以适度培养，但我们必须清楚，即便投入再多资源，可能也不会取得明显成效。要让培训资源产出行为转变和成效，就应投注在相对重要且可被发展的能力上面。

其次，从学员视角出发，就是要在动力、意愿和自我认知等内因上下功夫。自我认知是学习和改变的前提，可以说是最为关键的一步，但往往被忽视，我们要帮助学员看到自身的典型特点（如图 10-5 所示）。

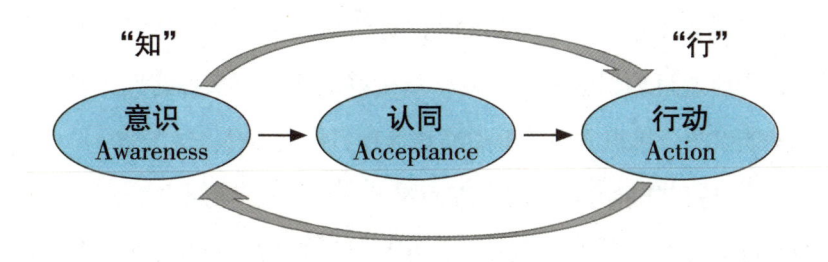

图 10-5　人才发展 3A 理论

人才发展的 3A 理论认为：个人只有在充分认知自我的基础上，才能基于自身能力现状有针对性地实现能力提升。因此，能力提升的前提条件是自我觉察，只有觉察到自身能力的长短板，并且觉得自己确实需要提升，才能采取有针对性的行动。人才评价和人才发展本身是紧密联系的，借助系统内的人才数据可以将评价中心和发展中心双轮驱动的作用凸显。另外，不同的个人特质有哪些积极意义？有哪些负面影响？是否需要调整？例如，有的学员平时的表现过于强势和自信，强势本身会带来一些成功经验，但有时也会影响下属的能动性和成长速度等，当学员看到这些影响之后，就可以和他一起探讨如何做出调整，比如说如何发现别人的亮点，怎样与下属形成更有效的互动方式等。

对员工个人的发展分析，包括分析能力现状和明确职业发展目标。数智化人才管理系统内的"个人看板——数字孪生"会基于关键岗位的胜任素质模型，通过绩效评估、测评工具等方法识别高潜人才的个性特征、能力潜质等方面的优势和短板。

从能力发展角度，直线经理可以看到报告中所分析的能力优劣势与综合素质水平，及时反馈给下属员工，并与员工充分讨论可能的原因与影响，达成认知共识；在确定个人能力提升的重点上，需综合考虑其能力短板对当前工作的影响度、能力提升的难易度，以及相关环境或资源的支持度，可以从当前岗位特性、团队整体情况、上级支持条件、个性因素对能力的影响等方面进行分析讨论（如图10-6所示）。

人才发展系统通过"IDP+GDP"的分治模式结合个人与组织的发展视角和诉求，既能通过内因激发，帮助学员更好地看到成长可能性，形成可视化目标；又能以契合组织方向的框架性培养项目推动群体人才发展。

（2）由易到难定内容，由点带面定方式。说到学习地图，必须提到人才培养中的黄金法则——"721法则"。有一个关于"721法则"的记忆口诀——"学，学中做，做中学"，这个口诀代表了"721法则"中的三个模块：

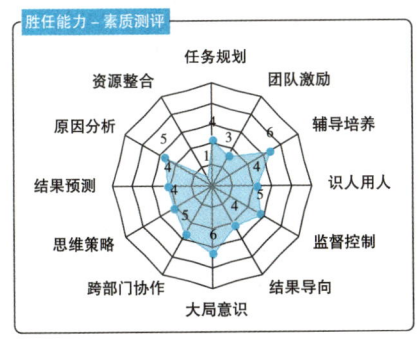

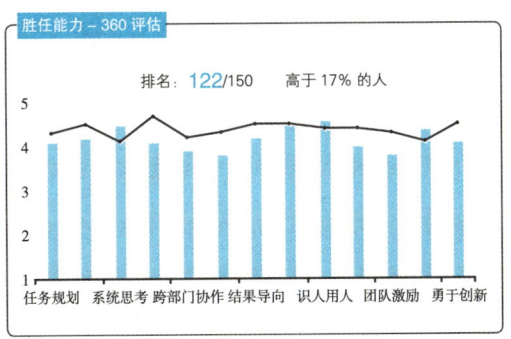

图 10-6　数智化人才管理平台中能力模块的看板

- 面授学习。
- 辅导反馈。
- 在岗练习。

"721 法则"的理论由来已久,但到底怎么操作呢?人才培养项目如何布局、计划和运营一直是业界难点,培养方案往往囊括了建模、测评、发展多个端口,需要很强的框架能力。"721 法则"的人才培养项目,到底如何具体规划?

由易到难定内容,无论是以胜任力为导向,还是以任务为导向的培养方案,学习模块的排序都遵循这个原则。这个原则来源于维果茨基的舒适区法则:人学习的难度依据舒适区至挑战区的进程而定。那么,如何确定一项任务是容易的还是复杂?我们推荐丰田人才精益模式中的任务分析方法,它按照任务是否标准化(是否良构),将任务分为例行工作、技术性工作、技巧性工作、非常规工作(如图 10-7 所示)。

学习内容的设置除了按照难易排序,也会受到公司战略重点变化的影响,也会受到前期测评发掘共性短板的影响。同时伴随任务的难度不同,培养策略也应有所不同:如果是简单的任务,可以调节学习方式和时间,可以把在岗学习的比例适当减少，同时缩短学习时间；如果是复杂的学习任务，学习时间和投入度都需要增加。这一点，在华为的任职资格体系中也可以看到，随着层级的上升，员工学习和认证的时间加长。

以上是常规的原则，通常学习内容会包括三个以上的不同类型，所以培养策略也是混合式的，这也符合认知心理学的乘方法则。乘方法则强调学习过程不能间断，所以我们要尽量避免在岗学习的进程中断。

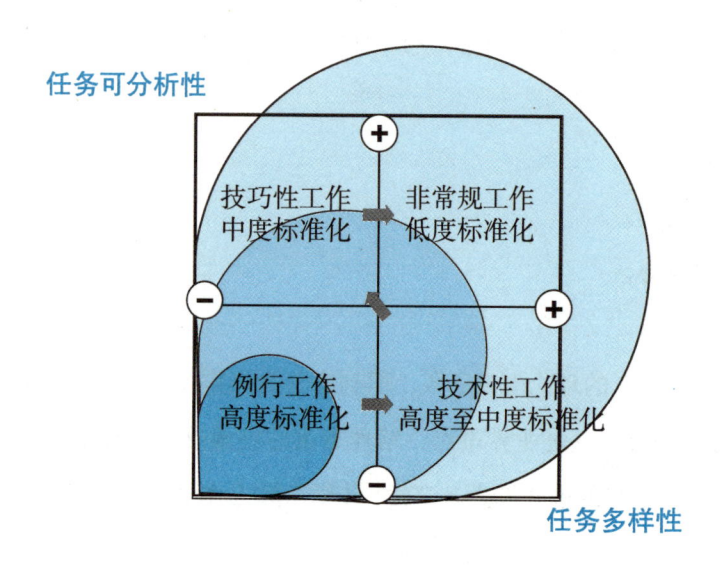

图 10-7　丰田人才精益模式任务分析图

在授课的课程选择上、辅导的内容上、在岗学习的主题上都需要保持一贯性，形成"连携效应"，但实际在企业中，学习内容由于主观和客观的原因，往往是割裂的。从认知心理学的角度看，这往往会给学员太多的记忆负荷，无法有效聚焦，也无法让学员真正学会本领，白白浪费了大量的时间和精力。

结合以上的理念支撑，学习发展平台实现了学习发展路径的"解码"过程：依据人才发展项目目标选取目标群体；围绕群体定义人才标准，结合评估结果锚定群体待发展能力项；聚焦待发展能力项设计符合"721 法则"的培养方案。在整个培养项目过程中，系统实时监控培养项目进展情况，及时记录最新的学习运营数据，包括对课程内容的状态跟踪，以及学员课程积分、课后作业、知识传承、行动学习、案例萃取、课题报告、内部分享、行业洞察等过程跟踪。员工在"IDP—学习任务看板"中上传的学习内容、完成的学习任务，都会纳入个人学习报告中（如图10-8所示）。

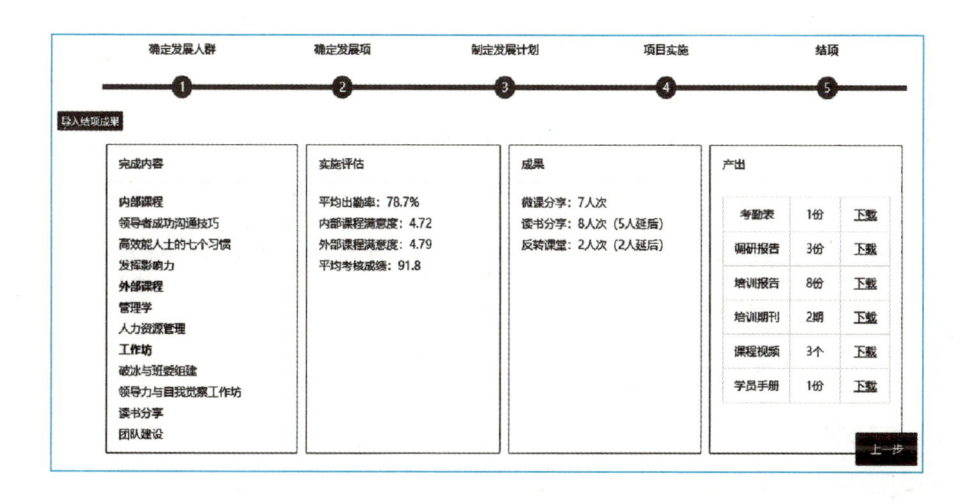

图 10-8　学习报告看板

培养项目结束后，系统自动对课程内容、学习产出成果、考试及测试评估结果等数据内容进行统计归档，所有的数据会回流到驾驶舱内，学员的人才发展数据可直接在"个人看板—数字孪生"和"组织看板—智慧才报"中展示、分析，形成动态数据，支撑企业决策。

定规则——八步搭建数智化干部管理系统

有了跑道，有了标准，在跑道里面怎么跑，就是规则制定需要考虑的内容了。能否跨层级、跨通道发展？以什么样的节奏和速度，用什么样的方式认证、考核、激励？要根据企业的具体情况，有针对性地设计相关制度、流程，这些将最终影响企业人才培养的方向、速度及质量。我们举例一个较为典型的专项人才管理场景——干部管理，以此为参照展开其他专项人才管理系统的搭建。

不仅是国有企业，如今许多大型民营企业对干部管理的需求也越来越大，企业成功的两大关键是战略和组织能力，干部制定战略，而组织能力也是由干部来承载的，由此可见，干部是企业实现成功和可持续发展的核心力量，干部队伍有战斗力才能带领团队持续打胜仗。如何科学地实施干部管理，是企业需要不断探索的核心问题。以益才数智化干部管理系统为例，通过"干部标准、干部评价、干部盘点、规划继任、干部竞聘、干部培养、干部任用、干部退出"八步走，可以对干部管理的全流程进行数智化管理，提升企业干部管理的效率与效能（如图10-9所示）。

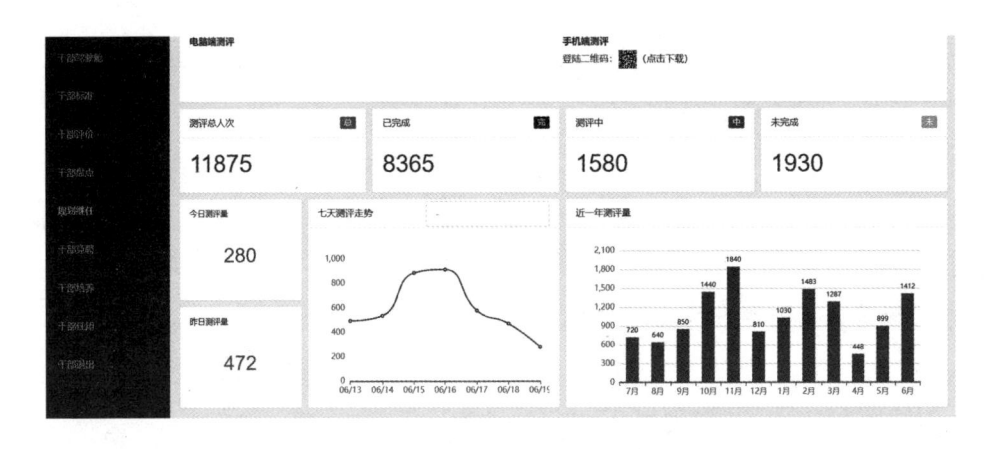

图10-9　益才数智化干部管理系统示意图

步骤一：干部标准

干部管理首先要有一套明确的干部标准。目前大部分国企参照"信念坚定、为民服务、勤政务实、敢于担当、清正廉洁"的二十字好干部标准，并在此基础上进行领导力的拆解，用于后续对干部人才的评价；此外"干部作风"也是干部标准中非常重要和特色鲜明的组成部分。

步骤二和步骤三：干部评价与盘点

干部群体的评价一般会采用多种评价方式相结合，从而提高对干部评价的信度与效度，提供更为准确的评价结果。360行为评价是对干部群体评价较为常用的一种方式，通过民主评议，对干部行为进行多源评价，通过上级、平级、下级、自评几个角度，对被评价者提供较为全面的评价结果。由于不同企业内部企业文化差异较大，很容易出现"手松手紧"的现象，导致评价结果不具有参考价值。在干部管理系统内可通过改变评价内容、保证评价人数、参考相对位置等方式，降低该因素的影响。

以往很多企业会采用线下访谈的方式进行干部评价，每年往往都需要投入大量的时间和人力，才能完成一次人才盘点。随着企业数智化人才管理的进程加快，通过系统评价、盘点的方式，可以大大提高干部盘点的效率和准确性，譬如针对300人的干部盘点，以往线下两至三个月的周期，可通过线上的方式缩短在一个月内。

步骤四：规划继任

干部岗位后备不足是很多企业面临的较为严重的问题，特别是当企业扩张过程中需要大量的管理层人员能够接替关键岗位时，却面临着不知道提拔谁或是没人能提拔的窘境，很多岗位处于"青黄不接"或"后继无人"的状态中，这也间接反映了企业内部"人才密度"及"人才厚度"两个指标的过程管控缺失。

组织内部人才的岗位胜任度决定了人才密度情况，除了进行常规的人才招聘与淘汰之外，还需要考虑如何提升岗位胜任度。一个人在不同的岗位上其岗位胜任度是不同的，除了对自己所在岗位的胜任度之外，也应考虑与其他岗位、层级的胜任度情况，将合适的人放在合适的岗位上，做到人岗匹配，则可以用较小的投入提高组织内部的人才密度。

组织内部人才的岗位胜任度同样决定了人才厚度情况。需要注意的是，人才厚度比例并不是达到100%才是最好的，这反而会造成组织的人员冗余，但对大部分企业而言，适当比例的人才厚度可以确保内部后备的充足率。

步骤五：干部竞聘

内部竞聘是在组织内部实行考任制各级管理岗位的一种人员选拔技术。通过干部竞聘能够建立"公正、公平、公开"的"相马"机制，以及"能上能下、富有活力"的"赛马"机制，打造一支团结、高效、富有责任心和进取心、务实进取的管理干部队伍。

数智化干部管理系统结合传统的内部竞聘流程，通过线上方式，以公告及报名（个人报名、组织推荐）、员工筛选、笔试、面试、数据汇总、公示的全流程，完成整个竞聘活动，以提升人才选拔的效率与准确度。

步骤六：干部培养

干部培养是提升干部能力、建设干部梯队的重要方式。大部分企业面临着领导力不足、后备能力严重匮乏的情况，通过外部招聘只能解决一时的问题，更重要的是要在组织内部进行干部培养，通过持续的人才管理循环，打造人才造血机制。

数智化干部管理系统搭建了从"确定发展人群、确定发展能力、制定发展计划、项目实施管理、学习评估、结项"的干部培养全流程。通过系统内的测评工具确定发展能力，解决了人才培养的方向问题，保证"好钢用在刀刃上"，使有限的人才培养能够真正聚焦到群体能力的共性短板与关键差异上，通过半年或一年的体系培养，以及后续的岗位深化实践，结合"721法则"，切实提升干部群体能力。

步骤七和步骤八：干部任用与退出

在不同企业中，干部任用程序与退出机制都有其基本原则，企业根据实际情况，梳理出适合自己的流程，在数智化干部管理系统中即可实现自动化的节点管控和线上流程化操作。

第 10 章
人才发展——数据驱动成长引擎

干部管理在企业发展中起到不可忽视的影响作用，干部的职业素养、管理能力关乎企业未来发展，将干部管理与数智化相融合，使干部管理流程更加规范，干部管理结果更加科学、准确，干部管理效率不断提升，为企业内部管理人才的可持续发展打好坚实的基础。

精细化：数据实现精细评估

衡量人才发展工作成功与否，最有效的方法是什么？不管是作为企业内部的人才发展工作者，还是外部的人力服务机构，显然我们不会单一地回答这个问题，而是要进行一系列的追问来了解背景并明确需求。

- 您要衡量什么？
- 您评估的目的是什么？
- 您对成功的学习计划的定义是什么？
- 您要和谁分享结果？
- 您当前如何评估您的学习计划的影响？

诸如此类，不一而足，随后就任何一个共鸣的点展开。

遗憾的是，这个看似简单的问题并没有明确的答案。当提到"评估"这个话题时，我们找不到一个万全之策，因为在评估人才发展工作时，需要考虑太多的变数和障碍，包括组织的目标和文化、利益相关者和受众之需求、需求评估、绩效分析、资源、时间、预算、数据收集法和评估工具。

很多组织也并未投入过多时间来进行效果评估，大部分做法还是较多关注参与者的反应和学习情况，而不是其对业务成果产生影响。《评估学习：评估有用的学习指标》一书中提及，"199名接受调查的人才开发专家中，仅35%称其组织在一定程度上评估了学习计划的业务成果"。事实上，很多企业内部培训人员出于种种理由都害怕评估流程，业务部门对人才发展工作内容的评估也比较一般——会让员工去学习，但从实用性角度来说并没有太多正面反馈。凡此种种，对于这个问题，就像回答"如何把大象放进冰箱里"一样充满戏谑和无奈。

当然我们也明白这些道理，诸如评估工作对业务成果的影响以及对组织成长的推动具有重大意义，评估可以让我们认识到哪些有用、哪些没用，以便重新调整工作重心和资源分配，并对无效的计划进行必要更改；一旦提供有力的评估报告，领导层也会开始认同其他发展计划，因为他们看到了生产率、指标、客户满意度、员工敬业度和人事变更率的可量化测量数据；最后我们会获得更多的资源，以投入到我们的发展工作以及工作方式的改进中去。简而言之，评估帮助我们验证了发展工作的价值，且对整个组织及员工产生了积极的影响。

"天下难事，必作于易；天下大事，必作于细。"既然如此，将大象装冰箱需要三步，那么人才发展评估总体来讲也是三步走。

- 第一步，把冰箱门打开——提高开放度，增加组织对于评估的认知，对评估计划形成共识。
- 第二步，把大象装进去——输入多维度的评估数据。
- 第三步，把冰箱门关上——让数据成为人才发展的一部分，巩固应用，优化改进。

第一步，把冰箱门打开——提高开放度，对评估计划形成共识

效果评估是衡量发展工作的重要途径和手段，尽管位于最后，但这并不意味着其重要性最低，或者只有在最后阶段才实施。相反，不管是培训结束后的评估表，还是对整个学习过程进行的正式投入产出分析，在项目设计的开始阶段就应该将评估考虑在内。换句话说，我们不能把它看作一种事后处

理方式，评估应该被精心规划并且贯穿于整个项目始终。

业务部门对人才发展工作的认可度普遍不高，越是如此，越应该务必一开始就取得业务部门对评估工作的共识，有效的评估从与部门和组织的目标关联开始，通过询问"我们想要从这个发展项目中取得什么成果"这样的问题来达成共识，他们需要的成果可能包括：更高的客户满意度、增加的销售额、更高的生产率、更少的加班时间、更少的缺陷、更高的员工敬业度和更低的人事变更率等。无论需要什么成果，都需要具体、可测量、可实现、有相关性、有时限性并与部门或组织的目的关联。首先大家必须清楚最终我们需要衡量什么，比如是否将新技能学以致用，是否得到了更好的业务成果，或计划的投资回报率（ROI）如何？这些问题也只有在设计阶段之初就提出，才能真正帮助优化整体的发展计划。可以通过明确以下问题来进行整体衡量：我们需要定义关键利益相关人是谁（如项目发起者、目标学员、目标学员主管、外部客户、人力资源工作相关同事等）？他们的期望分别是什么？本项目解决什么业务痛点？如何定义项目成功？发展周期多长？需要哪些资源支持？可能的风险是什么？

基于以上问题，用人部门和人力资源部门可以达成一个彼此都认可的产出，包括评估内容、评估原因、评估方式、评估时间、评估人员以及报告对象等方面。一旦达成共识，我们才收到了评估工作开始的信号。接下来，就可以确定利益相关者、当前绩效、所需绩效、差异、指标、基准和其他推动评估的重要数据，以跟踪学习情况、行为变化以及业务成果增长情况。开始时不统一意见，到最后可能需要花太多时间和精力去弥补，而且往往收效甚微。

近些年大多企业的学习项目呈现出"两头轻、中间重"的情况，"轻需求分析，轻界定收益，轻成果评估和衡量，重实施套路和技巧"。大量的精力和资源投入于具体的实施活动，而在前期，因为对目标评估和预判不足，后期进行成果衡量时，自然底气不足。

第二步，把大象装进去——输入多维度评估数据

柯克帕特里克的四级评估将学习效果细分为四个不同级别，以实现具体的测量，随着评估层级的提升，评估的信息价值越大，其对整个组织的重要性越强。我们借由这个结构清晰、广为接受的框架，展开评估数据的记录和持续积累。

（1）反应层评估。员工个人兴趣培养（如育儿、茶道、健身课等）的学习课程一般仅需要进行反应层评估，该维度需要搜集的数据包括：满意度分数、激活率、签到率、学习时长、用户画像数据等，都相对简单，并且容易搜集。

（2）学习层评估。企业层面核心必修知识的学习课程，如产品知识、企业文化、公司政策、法律法规等，通常落在学习层，该维度需要搜集更多的学习行为数据，包括线上课程完成率、考试成绩、正确率、错题率、课程点击率、学习内容的评价、学习内容下载情况、二次转发及分享情况。这些同样较容易实现。

（3）行为层评估。行为层评估数据的搜集有几个前提：所培训的行为可以在短期内直接被观察到，如操作规范；行为本身较为标准化，如产品介绍话术；课程与行为的相关性很强，基于业务场景已经开展过行为分析，并从中挖掘优秀经验，生成了培训内容。通常而言，员工自我管理与职业素养提升（如时间管理、人际沟通、目标管理等）和通用软技能提升（如领导力、变革管理等）的课程都可以进行行为层评估。该层面需要搜集的数据包括：演讲汇报、答辩评分、360评估结果、员工在相关项目中的行为表现及关键行为出现的频次。

也正是从"行为评估"开始，评估工作出现了断崖，原因主要包括：HR在培训结束后难以跟进学员在工作岗位上的行为表现；部分工作行为改进与否难以在短期内体现，需要长期观察与记录，从人力、精力的投入上来看可行性较低；即使可以获得一定的行为表现反馈，也呈现碎片化，难以转化为数据等。

（4）绩效层评估。专业技能提升方面（行业课程、各部门必备技能课程等）的培训绝大部分需要进行绩效层的评估。绩效层需要搜集的数据包括公司的培养计划、员工能力测评结果、员工绩效结果、胜任力要求、用人标准、考试结果等人力类数据；直线经理对员工的绩效评价、业务部门的业绩目标达成情况等业务类数据。

我们发现，随着评估层级的提升，评估的难度也随之增加，企业的实现度也相应减少。数智化的学习方式之所以重要，原因在于传统的线下培训存在数据难以记录、存储、归类的问题，传统的培训历史数据和结果靠人工整理和总结，培训经理的更换、项目形式的改变等状况就会导致历史培训数据的丢失；员工的能力测评结果、员工的绩效结果、考试结果这些维度的数据需要进行大量的梳理与归类工作。而借助移动学习平台等数智化工具，企业可以更为便捷、精准地收集培训数据，人力资源从业者便能够抽出身来，较为直观和全面地对员工的培训状况进行评估与了解，为分析员工的培训效果、培训行为奠定基础。

当然，如果希望对培训效果有更为精确的衡量，仅仅依靠以上培训视角的数据还远远不够，财务数据、业绩数据、人事数据等，都能为深入的培训数据分析提供更多的可能性，企业内其他的数智化平台，为业务数据的获得、与培训数据的联动分析创造了条件。从企业对于学习平台的采购情况和内部相关系统的打通情况看，能初步实现以上维度数据的搜集，但若想借助数据对培训及人才发展效果进行具有深度的分析，仍有较大的挑战。

总体而言，绝大多数企业已经开始借助数智化工具来优化企业内的管理流程与方式，企业在利用数据提升学习效果和体验方面均有涉及；从移动学习平台的搭建情况和相关系统软件的应用率来看，已经为评估数据的记录奠定了工具层的基础；同时，企业学习平台与其他平台的打通情况整体上仍有较大提升空间，尤其是与业务系统平台和财务平台的打通，会让培训数据的分析和应用更具深度，并且直接反映出培训为业务所带来的价值。

第三步，把冰箱门关上——基于评估数据的洞察应用

效果评估数据有多方面作用，不仅仅是用数据说话这么简单，评价数据的深度分析和数智技术的交织融合，可以产生很多有价值的应用和改进。

首先，通过效果评估可以发现学习过程中每个环节存在的问题。

通过建立学习效果评估体系，对学习计划是否有效、学习目标是否达成、授课方法是否恰当、学习内容是否适宜等进行衡量与评估，有助于发现学习过程的各个环节存在的问题，为后续的学习发展工作提供参照依据，进而开始提高学习过程的趣味性和学习界面的交互体验，让课程内容更加丰富，质量进一步优化。同时数智技术也会借由下列数据大展拳脚：

- 学习系统结合员工个人画像及行为数据，区分不同的用户群体，形成专门的用户标签（沉睡用户、活跃用户等），基于不同的用户标签，赋予不同的激活、引流手段，吸引员工的学习兴趣和关注度。
- 结合员工个人画像数据及行为数据，了解不同人群在学习内容上的偏好及学习习惯，建立人员能力画像，从而实现精准推送学习资源，打造"千人千面"的学习界面。
- 借助线上平台，将培训内容应用的全场景融入其中，在各个场景中借助模拟、考核等方式，形成学员的连续评估数据和行为反馈数据，利用数据更精准地设计业务场景需要的学习内容。
- 利用 AI 陪练等方式，让学员的话术、语言学习能够实时得到评估与校正，从而实现行为改变。
- 进行员工的学习行为和学习结果之间的数据分析，推送个人化的反馈，当数据积累到足够大时，洞察的准确度会越来越高，即可识别出个人的 ZPD（Zone of Proximal Development，最近发展区域），实现个性化发展。

第 10 章
人才发展——数据驱动成长引擎

其次，评估数据还可以对评估主体和客体形成积极的反馈。

（1）对学习设计者来说，通过评估所获得的信息可以帮助他们确定所编排的教学内容、选择的教学策略或整个教学系统是否能够满足学习的需要，是否能够改变学习者的态度和行为，乃至对整个组织的绩效产生积极影响。

（2）对学习者来说，通过评估可以为学习者提供有关行为表现的反馈信息，从而可以加强他们的学习。

（3）对于培训讲师来说，在培训课程或项目的开展过程中，来自学习者的反馈可以帮助他们及时采取措施来更好地改进课程或项目；培训课程或项目结束后的评估可以为他们提供改进后续课程或项目的意见和建议；学习者对讲师个人授课风格、特征的反馈可以帮助他们成为更优秀的讲师；评估还可以帮助他们将注意力放在对培训结果的思考上，而不仅仅关注授课活动。

（4）对培训部门或培训中心来说，评估可以帮助它们发现额外的培训需求，帮助它们获得相关信息来评估讲师的表现，还可以帮助它们决定将有限的资源和费用投入到哪些产出较高的培训或学习活动中去。

（5）对于组织而言，评估信息可以帮助确定课程或项目是否达成了预期结果，帮助确定课程或项目的实施所带来的结果是否超过了所投入的时间、金钱及其他资源，评估还有可能帮助组织找出阻碍将培训中所学到的知识和技能进行应用的问题。

最后也是最重要的，它可以检测人才发展项目的目标是否已经达成。评估的起点和终点应该是人才发展工作的成果和组织战略目标达成之间的关系。一切的努力都是为了达成组织目标。基于评估数据的积累，我们可以针对以下这些关键的组织人才管理议题进行更为精准、量化的统计和维度分析。

- 组织发展优化率：对组织战略、组织架构、业务流程、管控模式等进行优化，形成更为有效的管理举措，实现组织绩效的持续提升，有助于企业实现可持续的高质量发展。

- 核心骨干保留率：核心骨干员工相较于培训前的整体保留率有所提升或维持在较合理的流动区间。
- 基层员工流失率：基层员工流失数量维持在合理区间或有所下降。
- 关键岗位提拔率：经过培训的管理者在培训后一年内获得晋升的比例有所提升。
- 预算执行偏差率：相较于培训前，公司、事业部、部门预算偏差率逐步缩小，控制在合理范围内。
- 管理广度有效率：对管理广度进行合理调整，在相同条件下能产生更高的人均效能。

当前和未来可预期的组织环境，对组织效能提升有着更为迫切的需求，在这一过程中，人才发展将获得更大的机遇，能为更有效地承接和支持战略做出更大贡献。迎变而上，乘势而为是必然的选择！

作为人才发展的具体实践者，我们应改变单点式学习的视角，系统全面地掌握人才发展的内在逻辑，形成从"界定人才标准""识别内部人才"到"加速人才培养"的闭环思维。在实现的过程中，借助数智技术优势将人才发展的各个模块整合起来发挥协同作用，避免"头痛医头，脚痛医脚"，让人才发展的星星之火，形成燎原之势。

第五部分
实践示例

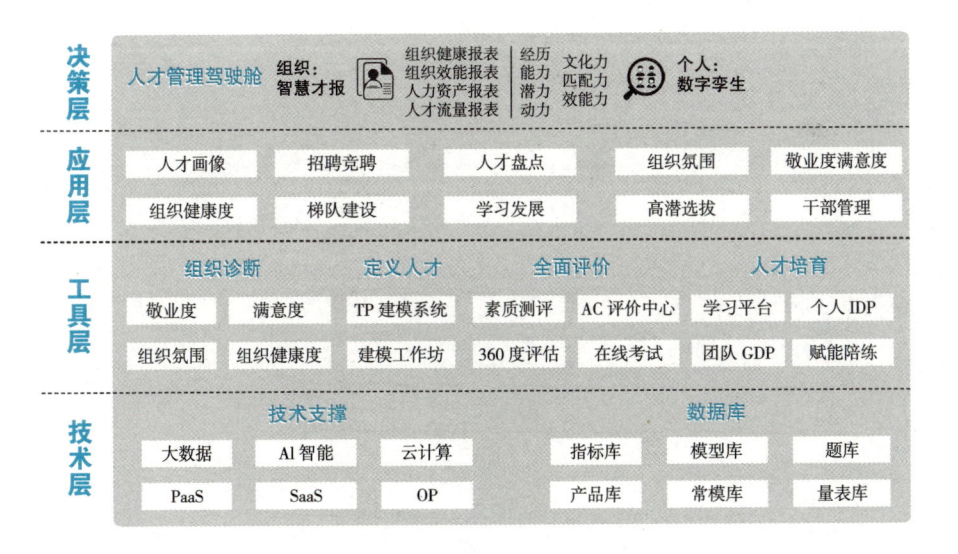

决策层	人才管理驾驶舱	组织：智慧才报	组织健康报表 组织效能报表 人力资产报表 人才流量报表	经历能力潜力动力	文化力匹配力效能力	个人：数字孪生	

应用层	人才画像	招聘竞聘	人才盘点	组织氛围	敬业度满意度
	组织健康度	梯队建设	学习发展	高潜选拔	干部管理

工具层	组织诊断		定义人才		全面评价		人才培育	
	敬业度	满意度	TP建模系统	素质测评	AC评价中心		学习平台	个人IDP
	组织氛围	组织健康度	建模工作坊	360度评估	在线考试		团队GDP	赋能陪练

技术层	技术支撑			数据库		
	大数据	AI智能	云计算	指标库	模型库	题库
	PaaS	SaaS	OP	产品库	常模库	量表库

在数智化人才管理的实践上，我们发现不同组织间尽管数智化土壤、成熟度、实施路径千差万别，但总体策略上有两个较为清晰的脉络，即自下而上和自上而下。

该部分分别通过两个不同组织的数智化实践案例，给读者提供更多的思路，其中"MVP实践"通过点状的数智化人才盘点系统，自下而上地进行数智化人才管理的构建升级；"综合实践"依据企业整体的数智化平台建设规划，自上而下，以能力标准为牵引，搭建组织人才管理的智能决策体系，打通"人才标准、人才评价及盘点、人才继任管理、人才发展"的数智化人才管理全流程应用，实现数智技术与人才管理的深度融合。

| 第 11 章 |

MVP 实践——以 L 集团数智化人才盘点为例

迭代式开发从设计原型开始，最初的原型称为最小化可行性产品（Minimum Viable Product，MVP），是将用户的核心需求用最简洁的方式快速开发成原型产品，快速投放市场让目标用户使用，然后不断听取用户的反馈意见，持续对产品进行迭代优化。MVP 实际上是与客户进一步深入沟通的工具。开发产品的过程就会演变为边搜集客户需求、边改进和增量开发、边寻求反馈的持续改进和快速迭代过程。MVP 的方式模糊了传统瀑布模型中需求和设计开发的界限，加速了开发进程，提高了产品开发的针对性。

数智时代的 MVP 理念

数智化时代已经不能容忍先做需求分析，再做总体设计和详细设计，而后开发和测试的工程化思想，取而代之的是生物成长代谢式的迭代思想。在开发产品时要先做出一个简单的原型，也就是最小化可行性产品（MVP），然后将 MVP 当作与用户沟通和寻求反馈的工具，快速迭代，不断修正产品，最终适应市场的需求。这种敏捷迭代的思想可以泛化应用，作为数智化时代的重要工作理念和做事方法。

本章将分享一家制造业企业（我们称之为"L 集团"）的数智化应用实践。这家企业并没有大张旗鼓地进行数智化变革，而是践行了 MVP 理念，从人才管理的一个典型动作——人才盘点开始做起,通过"4-F框架"工具层中的系列测评、评价、盘点系统,实现数智化人才盘点,提升组织效能。

让我们一起看看,相较于过去的人才盘点方式,"4-F框架"有哪些改变和提升?

L集团的人才盘点需求

在竞争激烈的制造业领域,如何通过内部人才梯队优化,保持组织优势,实现业务支持和转型发展,始终是各级管理者和人力资源部门关注的重要课题,也是工作中的重要挑战。L集团紧紧抓住数智化转型大势,推动业务转型,坚持人才先行,开启了人才管理的数智化升级之路。

基于此背景,L集团按照组织战略的要求,设计了符合当下阶段的人才盘点全流程系统,实现数智化人才盘点,为后续的人才调动、晋升、培养、梯队建设提供有效依据,充分发挥出人才盘点承上启下的引擎功能,形成公平的用人机制与文化,真正做到人才驱动业务。

L集团此次的人才盘点工作由COE(人力资源专业知识中心)部门发起,联合HRBP进行盘点,通过盘点来了解企业关键岗位员工的能力现状,为年底的考核和后续的晋升选拔提供决策依据。盘点对象为关键岗,分为员工和干部两个群体,共计300多人次,参与人员2000多人次。在盘点标准上,L集团从"知识、技能、能力和贡献"四个维度展开设置,涉及80个关键岗位评价标准。对这样的盘点规模,L企业往年采用常规的盘点操作时,耗费了大量人力成本和时间成本;岗位标准过多,光梳理和开发评价内容就得耗费了大半年时间;同时由于标准的复杂性,评价实施过程非常容易出错。

数智化人才盘点系统则以轻便、批量处理的特点解决了L集团的难点。同时此次项目开发了专属L集团的人才盘点应用——360评价工具,和企业的OA系统和钉钉打通,通过接口的形式获取所需数据,实现自动化和智能化数据获取。和往年的线下评价方式相比，效率大大提升，同时评价者的体验也有了很大改善。

其中 360 评价因为涉及到较多的评价关系，线下人工匹配时非常容易出现误差，依据 360 评价工具系统可实现智能评价关系匹配，同时基于每个被评价者的实际评价情况自动调整权重（缺少某些评价级后自动调整）。具体而言，参照以下逻辑设置：

- 算分逻辑：对员工盘点、干部盘点设置两种不同的算分逻辑，按照"定制权重，计算分数，新增不同评价级分数"计算。
- 数据导出：根据员工岗位类型匹配测评产品，导出测评数据，包括模型得分、评价人得分、评价人答案。
- 评价界面：员工层根据不同任职资格等级合并被评价对象，干部测评根据评价关系合并被评价对象。

L 集团数智化人才盘点实施过程

人才盘点的线上作业，是跟随着人力资源整体数智化而发展的。所有在应用系统上功能设置的逻辑依据，都离不开事物本身的基本原理。在数智化盘点系统的界面流程上，通过"添加盘点人员、数据源、数据呈现、数据校准、校准后数据呈现"五个步骤实现。

1. 添加盘点人员

L 集团此次的人才盘点对象除了员工外，还有干部群体，这就要求系统能够实现分类筛选盘点人员，根据组织结构、岗位序列、职级智能筛选盘点人员（如图 11-1 所示）。

图 11-1　L 集团数智化后台添加盘点人员示意图

2. 数据源

从数据的获取方式，也就是数据源来看，L 集团此次盘点采用三种评价方式：素质测评、360 评价、评价中心（如图 11-2 所示）。

图 11-2　L 集团数智化后台数据源示意图

这个步骤对应的就是我们线下盘点时，对测评工具、测评方式的选择。一般而言，选择评价工具时基于以下三点综合考量。

（1）根据人才标准来选择。人才测评工具都有自己的优势与侧重点，选择测评工具时，应当考虑其对人才标准的适用性，测评工具是为已有的或重新建立的人才标准而服务的，切勿本末倒置。

（2）根据岗位特点来选择。不同的岗位有不同的特点，相对应的测评关注重点也不同，所采用的测评工具也会有所区别。

（3）根据测评效果来组合。一般测评不会只选择一种工具，测评工具进行组合时需遵循"针对性与互补性兼顾、效率性与准确性并重、主观性与客观性结合"的原则，实现工具特点、测评岗位、测评对象、测评目的四个方面的最佳匹配，以达到最佳应用目的。

除了数据的获取方式外，从数据的主题来看，比较统一的关键评估因子包括绩效、潜力、领导力、能力、离职风险、可调动性等。

（1）绩效。绩效应该是最没有争议的一个因子。在员工所有的各种属性里，绩效是最为接近和影响企业经营表现的；绩效优秀的员工为企业经营贡献突出，是企业所追求的。尽管绩效是时段性的，今年绩效好的员工，明年可能有变，但如果是从连续的评估期（如每年）的绩效表现看，可在人才辨识时提供相当有力的证据。毫无疑问，绩效是辨识人才的必要条件，是衡量人才的公认维度之一。

和绩效管理系统不同，人才盘点是应用绩效评估的结果，而不是绩效标准的产生、评估、目标审定等，它是和潜力结合起来进行考量的一组因素，不是单个因素，没有干涉绩效管理模块。

（2）潜力。如果需要评估人才、选定将来继任的人才，员工的潜力是主要的评估元素。人才辨识不能脱离人才盘点的初衷，即为继任计划和人才发展服务的，辨识的出发点和结果重点是他是否具备未来更高职级的任职资格和绩效，即"潜力"属性，其他的属性均比不上潜力这个因子所能代表的目标意义；同时潜力覆盖面更广，包括了将来胜任更高一级岗位的全面能力。

（3）领导力。领导力是带领团队成员达成工作目标的影响力。对于企业管理来说，领导能力是最重要且可以影响到其他能力的基础。学术界对领导力的研究，远远多于其他管理要素，产生多种领导行为学说，如特质理论、行为理论、情境权变理论等。在实践中，大量的企业将领导力作为人才必不可少的考查因素，将其作为人才的辨识因子，不足为奇。

（4）能力。能力更多指的是完成任务的技能，即人才的当下能力水平。需要注意的是，绩效表现的结果实际上有能力方面的反映，好或差的绩效水平，很大程度上是各种能力的综合结果。

（5）离职风险、可调动性。这些指标是评估高潜人才和继任计划过程中的评价内容，不需要作为跟进或改善专门项目展开工作，而是通过360度评估调查或上级评估者主观判断，不必用另外的技术或特别流程去完成。

除上述较为典型的维度外，类似的还有岗位经验、任职资格等。总体说来都有其合理的地方，但从人才盘点是界定未来的继任者这个视角出发，我们在设计线上流程和应用工具时，潜力相较素质等因子就更为妥当。有的企业或咨询公司，提出增加两个或多个九宫格来衡量多个因素的评估组合，这会将人才盘点流程变得复杂高深，不利于人才盘点系统的简洁和可持续地实施。

在该步骤中，除了数据的获取方式和主题设定外，系统需兼顾管理优化的原则，确保无额外或重复的工作项，L集团在系统功能中设置了以下内容：

- 评价对接：通过钉钉一键发送工作通知给需要评价的员工，智能匹配评价关系。
- 管理员对接：通过钉钉工作台直接进入平台，智能匹配管理权限，按组织角色匹配管理权限。

3. 数据呈现

L集团此次的人才盘点动作全流程线上化，在系统内接入绩效数据和360评价数据，基于评价结果自动生成九宫格落位（如图11-3所示），综合人才的过去和现在，推测人才的未来可能性，应用到后续的人才管理决策中。

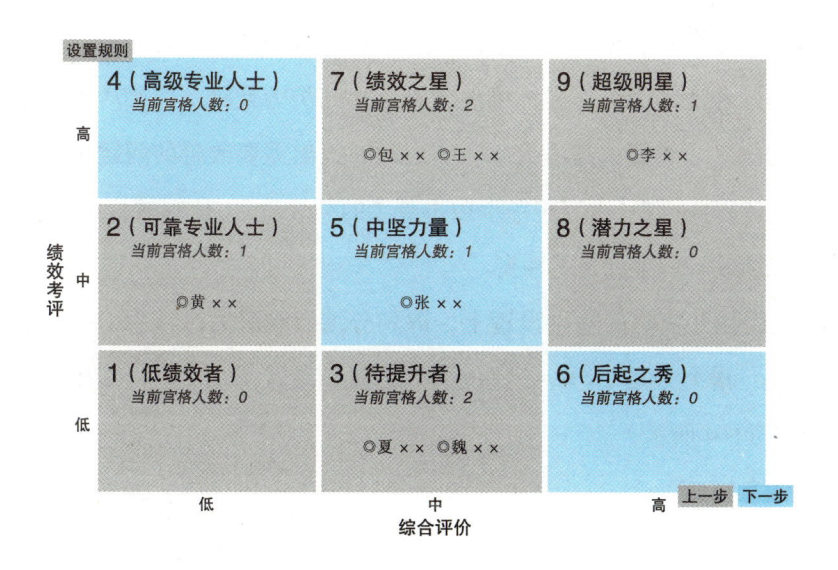

	低	中	高
高	4（高级专业人士） 当前宫格人数：0	7（绩效之星） 当前宫格人数：2 ○包×× ○王××	9（超级明星） 当前宫格人数：1 ○李××
中	2（可靠专业人士） 当前宫格人数：1 ○黄××	5（中坚力量） 当前宫格人数：1 ○张××	8（潜力之星） 当前宫格人数：0
低	1（低绩效者） 当前宫格人数：0	3（待提升者） 当前宫格人数：2 ○夏×× ○魏××	6（后起之秀） 当前宫格人数：0

（纵轴：绩效考评；横轴：综合评价）

图11-3　基于评价结果自动生成九宫格落位

九宫格中的维度体现的是一家企业"看人"的角度，它通常会涉及人的知识、经验、技能、绩效、能力、价值观、个性、风格和意愿等多个方面。这些维度相互组合，都可以作为九宫格人才分类的依据，如绩效-潜力九宫格、能力-组织氛围九宫格、能力-行为九宫格等。绩效-能力九宫格可以帮助企业快速盘点现有人才，将人才归类，形成人才地图，为不同位置的人才配置不同的管理方案：

- 绩效-潜力九宫格着眼于盘点未来，发现高潜人才。
- 能力-组织氛围九宫格通常能反映一个团队的氛围以及团队领导

者的管理风格，基于不同的盘点结果，采取不同的管理行为。

- 能力 – 行为九宫格通过对个人能力与个人行为分析（能反映绩效方面的行为），考察个人和组织的工作态度、工作积极性。

我们主张使用“绩效 – 潜力”版本的人才九宫格，这既是业界的主流模式，也是人才盘点本身的根本目的和高效便捷的二维判断模式决定的。利用九宫格，以绩效和潜力为纵横坐标维度，将人才归类为九种，主要产出是高绩效且高潜力的人才（即“高潜人才”），同时找出需要改善的问题员工，在人才盘点的流程执行中，可以进一步跟进员工的绩效改正，使绩效管理更加完善，这方面和绩效管理系统并无冲突。

L 集团在九宫格的规则设置上，即划分绩效和潜力过程中，采用的是相对划分法：潜力采用 2∶6∶2 比例的划分法，绩效采用 2∶7∶1 比例的划分法（如图 11–4 所示）。

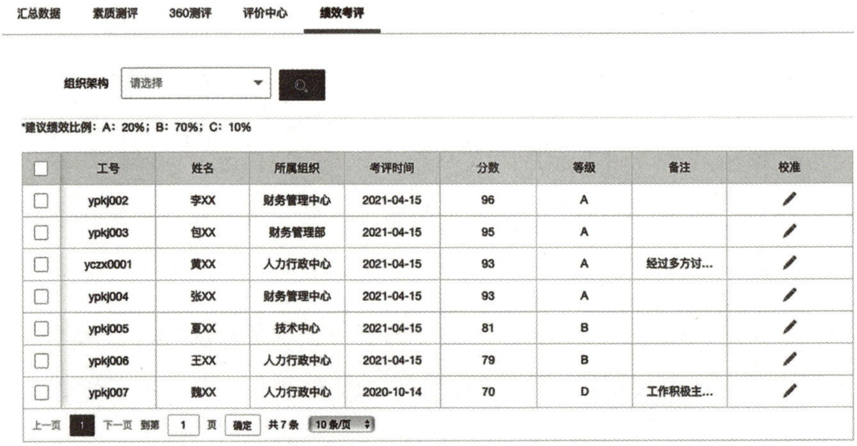
汇总数据 素质测评 360测评 评价中心 绩效考评

组织架构 请选择

*建议绩效比例：A：20%；B：70%；C：10%

	工号	姓名	所属组织	考评时间	分数	等级	备注	校准
	ypkj002	李XX	财务管理中心	2021-04-15	96	A		
	ypkj003	包XX	财务管理部	2021-04-15	95	A		
	yczx0001	黄XX	人力行政中心	2021-04-15	93	A	经过多方讨...	
	ypkj004	张XX	财务管理中心	2021-04-15	93	A		
	ypkj005	夏XX	技术中心	2021-04-15	81	B		
	ypkj006	王XX	人力行政中心	2021-04-15	79	B		
	ypkj007	魏XX	人力行政中心	2020-10-14	70	D	工作积极主...	

上一页 1 下一页 到第 1 页 确定 共 7 条 10 条/页

图 11–4　L 集团人才盘点九宫格的规则中绩效比例划分法

4. 数据校准

L集团此次的数智化人才盘点系统具有独立的数据校准页面，在系统功能上，进行数据校准时，可以按照职称、序列、组织筛选呈现，宫格落位基于本次所有人群落位。操作上通过拖拽的方式实现一键九宫格校准，并填写校准理由，绩效、综合评价结果可以实现分开校准（如图11-5所示）。

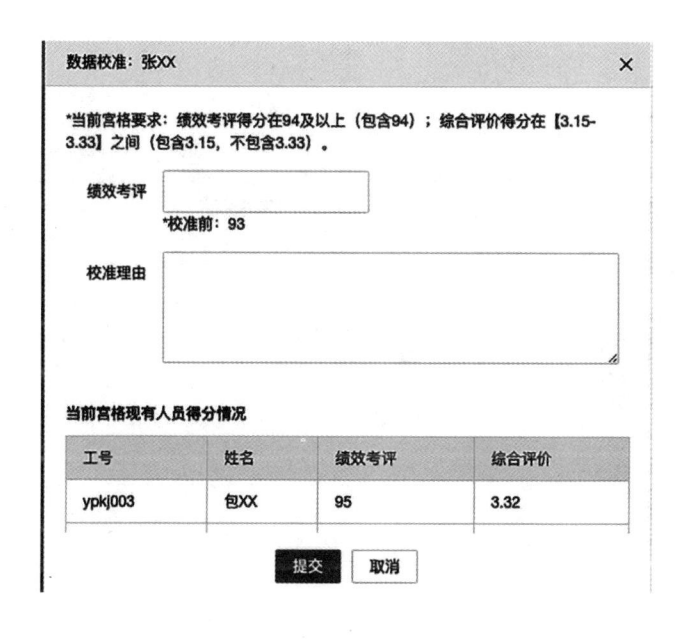

图11-5　L集团数智化人才盘点系统数据校准示意图

很多企业在搜集人才评价信息后，就直接由人力资源部和被盘点对象的上级商量确定最终结果，完成被评价人的九宫格定位、优劣势、任用建议等人才档案。这种没有经过校准会议的操作，会为后续工作埋下隐患。因为缺乏共同讨论会导致盘点不够精准，在落地时缺乏公信力，也难以形成统一标准的识人、用人文化，校准会是线上人才盘点中非常重要的一环。L集团此次的校准过程全程线上化操作，各部门HRBP、部门主管，以及被盘点人的直接上级、斜线上级等均参与到本次校准中。

5. 校准后数据呈现

盘点后，除了导出个人盘点报告外，数据可与其他人才数据汇总、分析，最终形成可供人才管理及企业决策的驾驶舱界面，帮助企业提升决策效率与准确度。L集团此次盘点输出以下数据看板（如图11-6所示）。

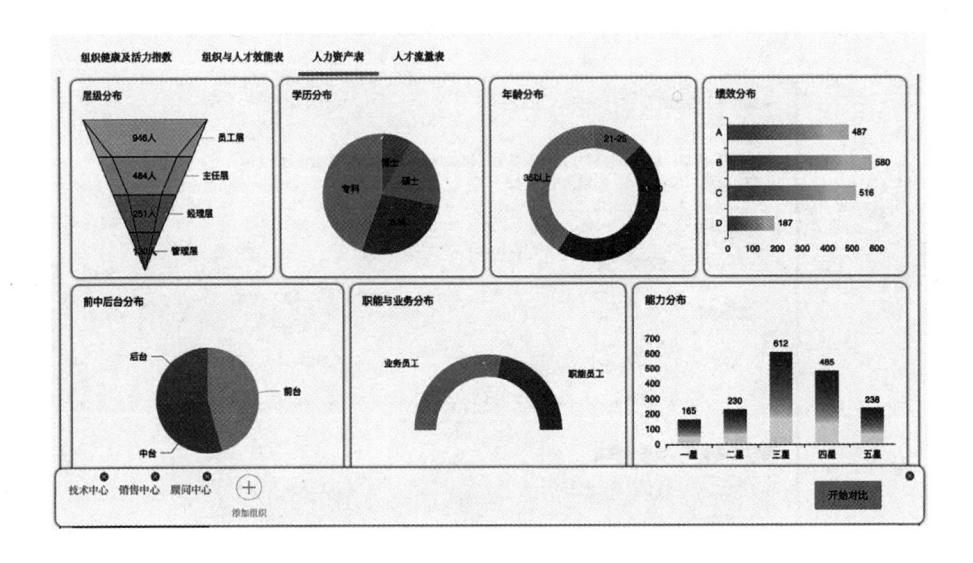

图11-6 L集团数智化人才盘点输出的数据看板

从上图可见，主要有五个方面的数据内容：第一是层级分布，包括员工层、主任层、经理层和管理层；第二是学历分布；第三是年龄分布；第四是绩效分布；第五是前中后台分布；第六是职能与业务分布；第七是能力分布，五星中三星占比最高。

以上数据是L集团的基本面，但作为高层管理者最关注的是人岗匹配度，即人才的能力与所在岗位的匹配度是多少（如表11-1所示）。

第 11 章
MVP 实践——以 L 集团数智化人才盘点为例

表 11-1 L 集团数智化人才盘点人岗匹配度看板

员工层			基层管理人员		
工号	姓名	匹配度	工号	姓名	匹配度
yczx001	黄××	98%	yczx007	夏××	92%
yczx007	夏××	96%	yczx001	黄××	70%
yczx002	王××	94%	yczx003	魏××	66%
yczx004	包××	92%	yczx004	包××	50%

中层管理人员			高层管理人员		
工号	姓名	匹配度	工号	姓名	匹配度
yczx006	黄××	98%	yczx005	李××	99%
yczx003	魏××	88%	yczx004	包××	91%
yczx002	王××	86%	yczx002	王××	75%
yczx001	黄××	70%	yczx001	黄××	40%

此外，L 集团的人才盘点在人力发展措施方面的输出包括：不同机构的优势或短板能力项、共性短板或关键差异、离散数据分析等结果。这些结果没有在培训和人才发展中产生额外的工作流程，相反，却是培训与人才发展模块的很好补充。这个盘点结果为人才发展工作找到有效的需求来源和依据（如图 11-7 所示）。

至此，L 集团的数智化盘点系统流程就全部梳理完，实现了整个盘点过程的线上化操作，我们从个人、团队和组织三个层面，对此次的盘点结果做以下梳理：

（1）个人层面。通过全面、科学的测评报告，了解自身长短板、发展方向，通过面谈反馈和了解组织发展期待，明晰未来职业发展路径和提升举措，强化对组织的归属感，焕发职业激情。

（2）团队层面。将校准之后的报告和九宫格落位返回企业的 OA 系统，形成企业自己的人才档案，可以得到高潜人才地图、关键岗位人才密度、关键员工的保留风险（离职概率、离职影响分析）、关键岗位继任情况等相关数据，从而制定相应的人才管理举措。

（3）组织层面。宏观上提供人才整体盘点结果，帮助高层领导了解组织的人才数量、质量结构，明确优化方向；中观上，聚焦特定人群，明晰梯队建设情况，为人才管理策略提供依据；微观上，个人评估报告全面、准确，能够有理有据地纠正用人偏差，补充看人视角，为干部调配和任免提供决策参考。

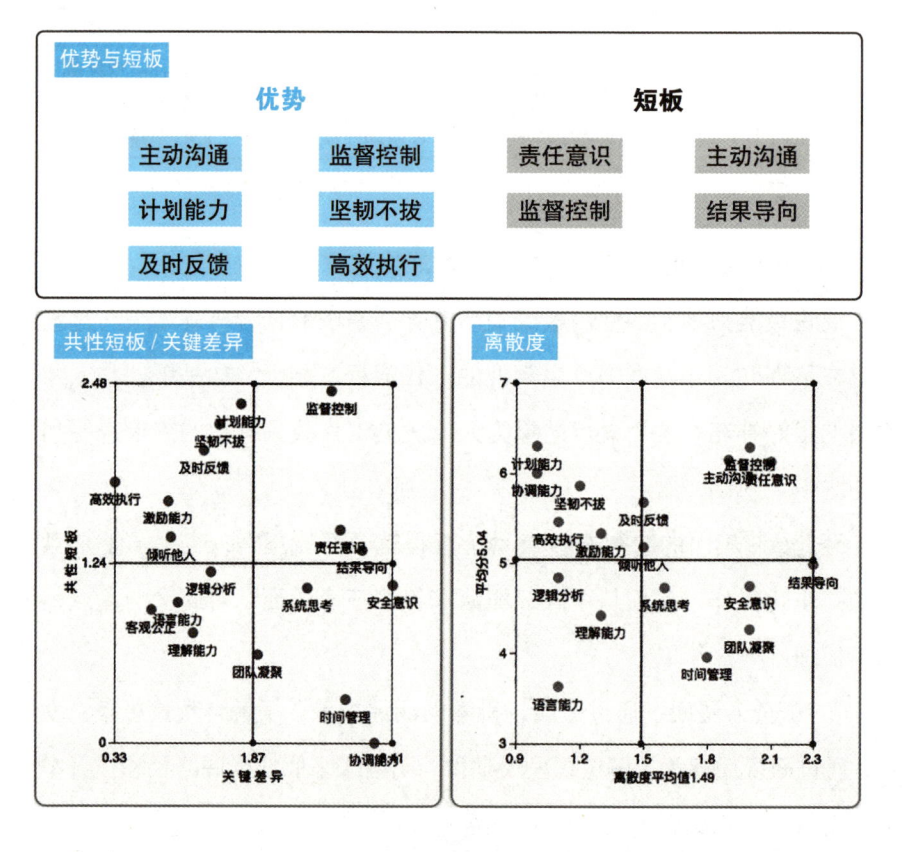

图11-7　L集团数智化人才盘点之人才发展措施看板示意图

L集团是国内人才盘点数智化较为典型的应用实践：覆盖2000多名员工，在线上创建了70多场盘点会，300多人在线上撰写盘点资料，人力资源部在线上创建人才盘点会，所有资料及九宫格分布都在现场系统直接调整和确认，盘点会结束时录入现场所有评价记录。当然，盘点工作不能止步于此。如果不将盘点结果应用在人才管理中，不仅达不到人才盘点的目的，还造成了管理成本的浪费。因此，企业需要制定正确完整的人才盘点流程，从一开始就要注重人才盘点结果在后期应用的价值。后续应用才能让员工充分感受到人才盘点的价值，避免盘点工作流于形式；更为重要的是，人才盘点结果的有效应用使整个人才盘点工作形成闭环，让人才盘点最初的需求得到满足，真正对企业发展和实现战略目标产生推动价值。

从结果应用本身来看，人才发展和任用的有效性是检验人才盘点工作成果的重要标准。企业基于人才盘点结果提前做到有针对性、计划性的对外招聘和获取，对内的人才淘汰、选拔、激励、培养和任用调整，以解决人才数量、人才质量的问题，满足人才需求，从而为组织能力的提升和战略目标的实现提供坚实的人才保障，最终实现提升人效的目的。具体的举措包括：

- 因关键岗位人才不足而启动招聘计划。
- 针对素质或业绩不合格员工的优化计划。
- 针对人才梯队培养的继任者计划。
- 针对不同盘点结果的员工激励计划等。

结论：秉持 MVP 迭代思想，实现健康可持续发展

数智化时代的工作模式应该秉持 MVP 迭代思想。不管是组织整体的数智化战略转型，还是人才管理的数智化升级，显然都无法一蹴而就，我们对于已经开展的有基础的成熟模块，不需要颠覆性的变革：检视一下哪些做法已经不合时宜应该放弃，哪些做法行之有效应该保持，哪些流行的新做法能共创出新意，让人兴奋，值得尝试，重新梳理和整合那些该放弃的、保留的、

注入的元素，形成下一阶段的工作计划。这会让我们的工作与学习跟生物体自然进化的规律类似，找到成长的乐趣。

人才盘点在定位上有其承上启下的要塞职能，在操作上需要积极敏捷的响应和高频的互动，在每一次迭代中，每一位参与的员工、业务部门、HR部门都在同步成长，进而确保组织在这种符合自然法则的迭代中实现健康可持续的发展。

第 12 章
综合实践——以 T 集团为例

本章我们结合 T 集团的数智化人才管理实践展开，并围绕两个关键问题进行探讨：

第一，实现数智化人才管理，企业需要具备哪些前期条件？

第二，实现数智化人才管理，企业具体应该怎么做？

项目背景：T 集团简介及需求

T 集团是国内能源行业的标杆企业，主营业务包括新能源、新材料系列产品和环境设备的研制、开发、生产、安装及销售；新能源系列工程的建设及安装等。依托自主创新和地域优势等资源，已形成集煤炭、电力、多晶硅、硅片、组件、并网逆变器和系统集成服务为一体的竞争优势。

在新一轮的数智化转型战略锚定下，T 集团各子公司都在转型进程中齐头并进。具体而言，T 集团数智化人才管理有以下三个诉求：

- 诉求一：借助数智化的技术，让业务部门等用人单位深度参与，让他们更多地成为人才管理工作的"首席官"。
- 诉求二：完善人才管理标准化程度，针对关键岗位、重点群体（如干部队伍）实现专项管理，确保重点投入，产出高价值。

- 诉求三：数智化提效。第一，提效率。减少线下人力运营操作，实现"选育用留"等基础人才管理动作的线上自动化处理，提高组织人才管理工作的运营效率。第二，提效能。通过数智化系统集成原本分散不完整的人才管理数据，实现统一管理，打通各环节数据。通过系统平台将散落在各处的人才数据进行联结，从组织视角自上而下进行统筹管理，基于这些数据整合后的关联分析，输出洞察性用人观点，最终通过数据看板、预警等智能功能实现有效干预，驱动人力决策。

整体着眼：T集团的几项关键挑战

在整体规划背景下，T集团选择了与我们进行数智化人才管理平台开发的项目合作。我们团队介入后，发现实现该组织人力数智化目标的几项关键挑战，颇有代表性，梳理如下：

挑战一：流程不统一

T集团高管对于数智化的认知尚未形成统一意见，导致数智化流于架构，集团组织层面的数智化能力和意识并未建立，更不用说业务部门在数智化中的专业技能水平。在人才管理工作中，"统一语言，拉齐认知"这件事刻不容缓，否则上系统就是面子工程。机遇和挑战如同硬币的两面，相辅相成。机遇指的是HR部门恰好可借助集团数智化的东风，在各业务高管对该主题高度参与的基础上，找准切入点，对高管们进行人才管理理念的灌输和统一，将"机遇"转化为"成果"。

如何实现呢？我们提出"流程线＋能力线"一明一暗两个脉络贯穿项目。

1. 明线——流程线

在数智化人才管理的每个系统板块均有明确的分步流程设置，每个流程内都有清晰的管理动作，高管们在什么时间节点做什么管理动作，系统都会自动进行提示和推进。不会增加高管们的管理难度，高管们按照系统的提示进行操作，刻意训练培养高管的人才管理动作和管理语言。

2. 暗线——能力线

人才管理平台的搭建逻辑是基于"组织诊断、定义人才、全面评价、人才培育、人才驾驶舱"这样的闭环设置，科学地实现人才管理循环。高管在潜移默化之中就已经卷入了一场人才管理的"革命"，这样的管理循环设置同时会对既往的点状人才管理工作进行修补和系统科学的完善。

挑战二：系统不智能

T集团现有的人才管理系统重形式，界面和看板的设置颇具创新性，但系统的数据和内容大部分并不完整。简而言之，拥有好看的BI界面看板，缺少流动的支撑数据，很多数据还要靠人力资源部门线下去获取。只注重面子工程，其实是非常严重的问题，没有真实的数据，联通一个已设置的系统环节，那么界面的结果不能获取，环节里任何一个逻辑的纰漏或者不严谨，平台和系统都会将你打回原形。也就是说搭建了一个系统，表面上是进行了线下工作线上化的处理，其实背后要有一套极其严密的组织人才管理逻辑及系列管理动作做支撑，环环相扣，每一个系统之间都需要彼此独立，同时密联打通。每个系统里面的数据能进行各自的流程，同时进行跨系统调取时能够再基于另一套逻辑进行关联和处理，这既是对以往人才管理工作的系统性检核，也是对数智化技术精准性的考量。

对于该挑战的解决方案是：基于T集团"诊断—标准—评价—发展"人才管理逻辑的各个模块流程、表单、成果进行梳理，一方面固化优秀经验，另一方面修补优化，同时推动技术实现。譬如在人才标准模块，设置了颇有特色的"特别"人才图谱；在人才评价模块，从"业绩、能力、潜力、文化践行维度"进行干部队伍的全面评价；在继任人才的管理工作上，基于现有胜任度和未来胜任度智能算法的设置，生成继任图谱，进行可视化的梯队人才管理；在发展模块，基于继任计划甄选入库人才，基于层级设置进行学习方法设计，基于学习成果进行培养计划设定。

通过细化工作的梳理让T集团人才管理的逻辑脉络更加清晰，进而在系统上可以更顺畅地实现技术联通，进而再借助系统的智能性进行效能价值的衍生。

挑战三：数据不联动

人才数据的问题一是不完整，二是分散。针对第一个问题，列出基础数据的搜集清单和计划，加强数据搜集，譬如组织健康度数据、人效数据等需要关联财务部门，关联各业务板块的上级领导部门等，其中部分数据尚未做过统计，那就逐步以恰当时机介入搜集。另外，数据分散在多个人才系统内，两个不同系统间的数据如何打通串联，这是很多企业在进行系统搭建时遇到的典型问题，不是说全部放在一个系统里就好，更为本质的是，对于不同的系统如何进行定位。我们的目的不是应用系统，而是让系统为我们所用，这种过程实践愈发激发人力资源工作者进行更为本质的探究和思索：我们的组织现阶段下人才管理的工作价值到底在哪？典型的人力决策场景有哪些？基于这些决策场景需要哪些数据？这些数据如何进行搜集？去哪里搜集？针对以上问题进行梳理并达成共识，搭建起人才数据的指标体系，进行数据视角的呈现，让数据的联动变得更为体系化和可实施。

经过以上关键挑战的梳理和个性化需求的整合后，我们提出了T集团数智化人才管理整体着眼的规划方案：基于"流程不规范、系统不智能、数据不联动"的现有人才管理现状,通过数智化人才管理平台八大模块的功能应用,提高整体运营效率,实现动态预警管理(如图12-1所示)。

数智化人才管理
组织与人才效能提升指南

加强人才管理标准化程度
通过信息技术手段,基于人才管理业务逻辑的全面梳理:
- 实现在核心人才"选、育、用、评"的流程与关键环节上标准统一、作业规范
- 通过全面的人才数据应用,提升管理效能

优化整体人员配置率
- 加强下部队伍配置的科学性、有效性,实现人才能力测评结果与岗位任职要求匹配(如提高匹配率到85%)
- 实现全集团、区域人才信息打通,提升人员配置效率

提高领导决策效率
- 结合数据沉淀与积累,形成精准人才画像,为管理决策提供精准触点
- 利用全景人才数据,辅助关键人才决策,加提升人才任用率20%

流程不规范
- 人才标准未覆盖到全部的关键岗位,设有一个应用载体,导致对人才管理不精准,人才信息失真,且信息不可跟踪
- 实际应用时时与标准脱节,需要围绕人才选育用留全生命周期的流程,再进行梳理。通过系统手段规范

系统不智能
- 缺少人才管理看板及市场分析,无法明晰部门人员缺口及人员发展方向,选拔和任用效率低下
- 数据分散在各系统,口径不统一,导致线上数据盘点困难,存在不准、值等问题

数据不联动
- 现有人才履历数据多为人事信息,缺少业务数据及能力素质测评数据
- 围绕人才全面评价的数据分散、线上线下都有,散落在各处,未集中起来辅助关键决策

图 12-1 T集团数智化人才管理整体着眼的规划方案

196

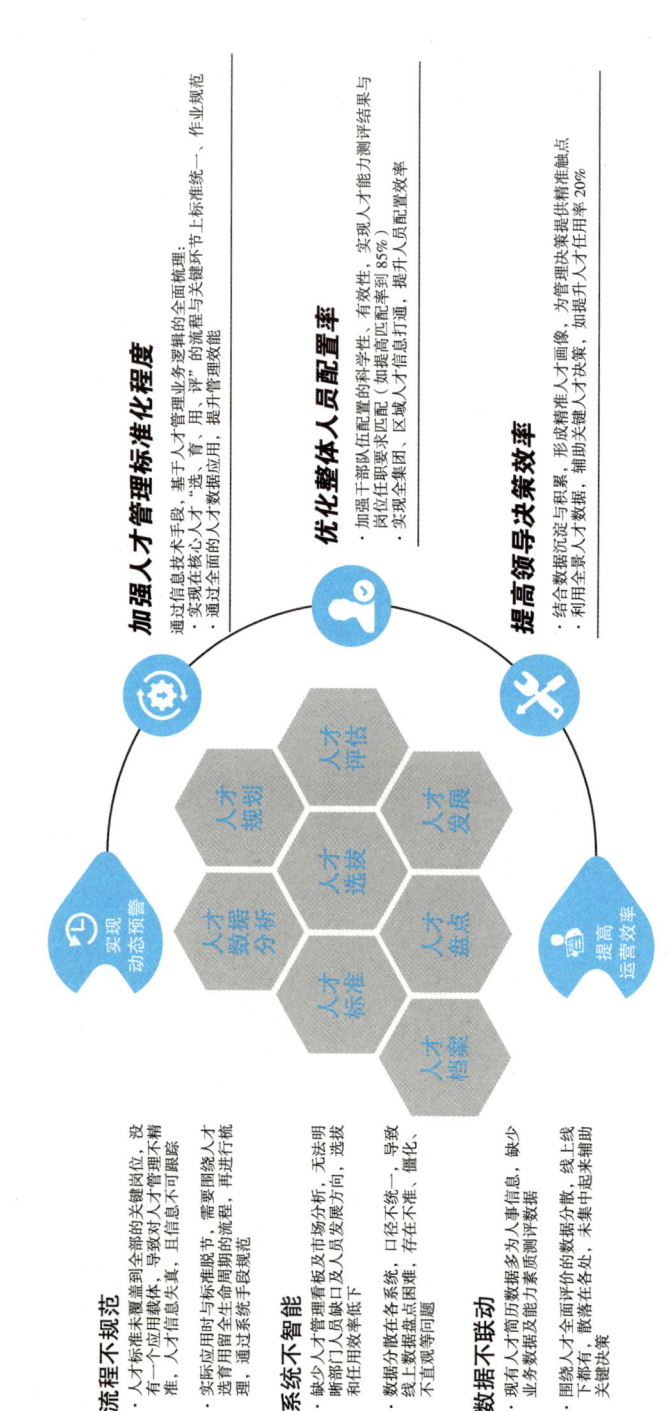

分步实施：T 集团数智化人才管理平台搭建五步法

　　T 集团有着自身较为成熟的人才管理逻辑：其人才管理工作的起点从组织战略展开，以效能为抓手，以"建标准、识人才、促发展"的动态人才管理循环打造造血机制，确保可持续的人才需求供给，其典型的成果应用在干部结构优化方面，以及人才梯队的厚度夯实（如图 12-2 所示）。

　　基于上述整体规划，结合 T 集团自有的人才管理逻辑，数智化人才管理系统搭建流程从五个步骤展开：搭建人才管理驾驶舱、联动基础信息、搭建标准体系、搭建评价体系、搭建发展体系。

数智化人才管理
组织与人才效能提升指南

企业战略和愿景
- 战略目标与经营目标 → 企业关键能力
- 关键岗位素质要求
- 关键岗位识别

人才管理循环

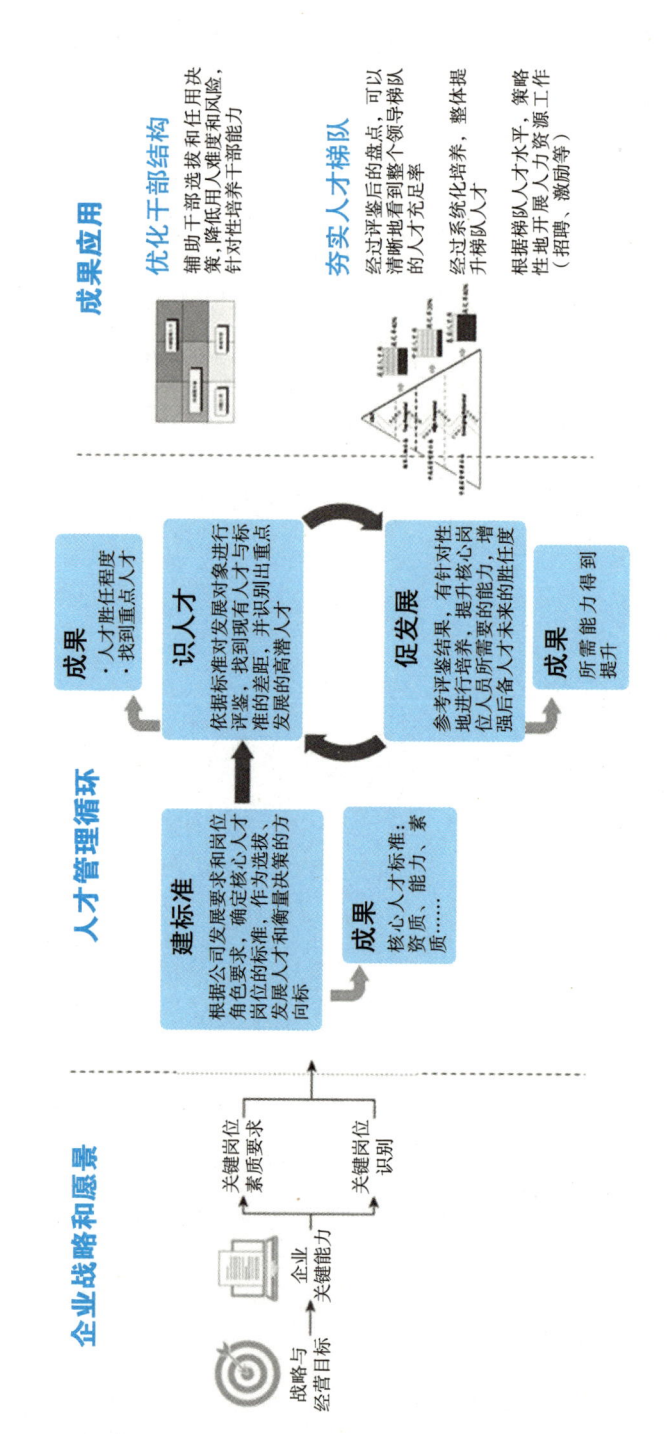

建标准：根据公司发展要求和岗位角色要求，确定核心人才的标准，作为选拔、发展人才和衡量决策的方向目标

成果：核心人才标准：资质、能力、素质……

识人才：依据标准对发展对象进行评鉴，找到现有人才与标准的差距，并识别出重点发展的高潜人才

成果：
- 人才胜任程度
- 找到重点人才

促发展：参考评鉴结果，有针对性地进行培养，提升核心岗位人员所需要的能力，增强后备人才未来的胜任程度

成果：所需能力得到提升

成果应用

优化干部结构
辅助干部选拔和任用决策，降低用人难度和风险，针对性培养干部能力

夯实人才梯队
- 经过评鉴后的盘点，可以清晰地看到整个领导梯队的人才充足率
- 经过系统化培养，整体提升梯队人才
- 根据梯队人才水平，策略性地开展人力资源工作（招聘、激励等）

图 12-2 T 集团数智化人才管理规划全景图

198

步骤一：搭建人才管理驾驶舱

人才管理驾驶舱包括个人及组织两个视角，从整体考量的角度以终为始，智能化的人才管理驾驶舱作为 T 集团数智化平台的起始点。

第一，设置驾驶舱个人看板，可定制生成人才的数字孪生全息报告（如图 12-3 所示）。

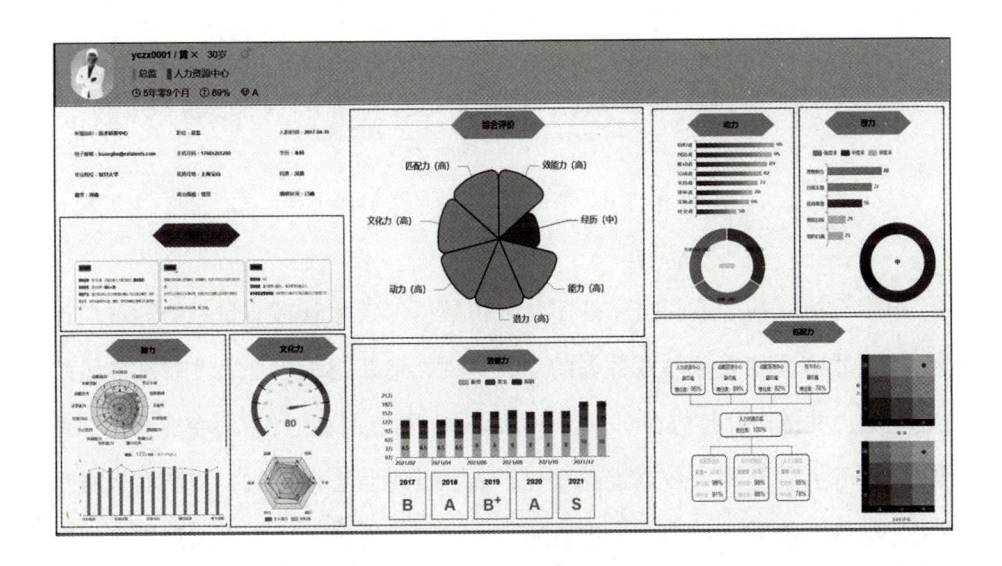

图 12-3　T 集团数智化人才管理驾驶舱个人看板

个人看板：基于 T 集团自定义的人才标准模型，将行为—业绩、潜力—绩效九宫格等个人全方位评价数据动态呈现，形成个人全方位立体评价报告，为公司、业务部门人才管理、员工个人发展规划提供数据支撑。

第二，设置驾驶舱组织看板，可定制生成组织的智慧才报（如图 12-4 所示）。

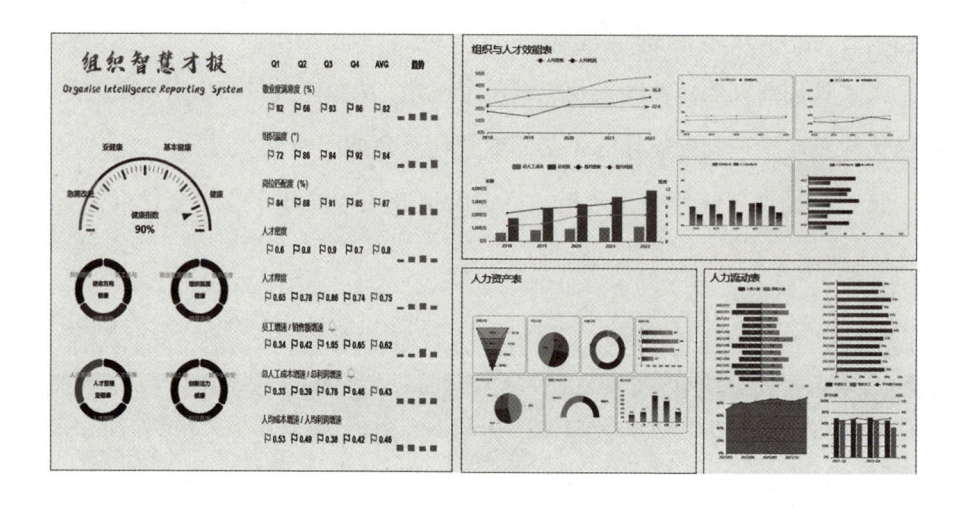

图12-4　T集团数智化人才管理驾驶舱组织看板

组织看板：基于不同组织的团队分析数据，人才管理质量趋势通过对连续三年人才密度和人才厚度数据的动态呈现，追踪组织内部人才管理质量的变化情况；关键指标趋势针对重要业绩、360评价、潜力评价、企业文化、离职风险度五大关键用人数据追踪变化，监控健康状态。同时，团队看板对组织人才结构及能力、动力、个性特质、文化力、胜任度、个人发展规划情况等进行纵向追踪及对比，帮助管理者实时了解组织人才质量、人才梯队情况，透视组织及团队效能，以人才大数据为支撑，规划未来人才继任情况，提高决策效率与准确率，实现战略支撑。

步骤二：联动基础信息

数智化人才管理系统前期通过表格导入、手动添加或系统对接的方式导入、导出人才基础信息、组织信息，人员信息表，可依据后续应用的实际要求增减标签项，且组织架构层级不受限制（如图12-5所示）。

第 12 章
综合实践——以 T 集团为例

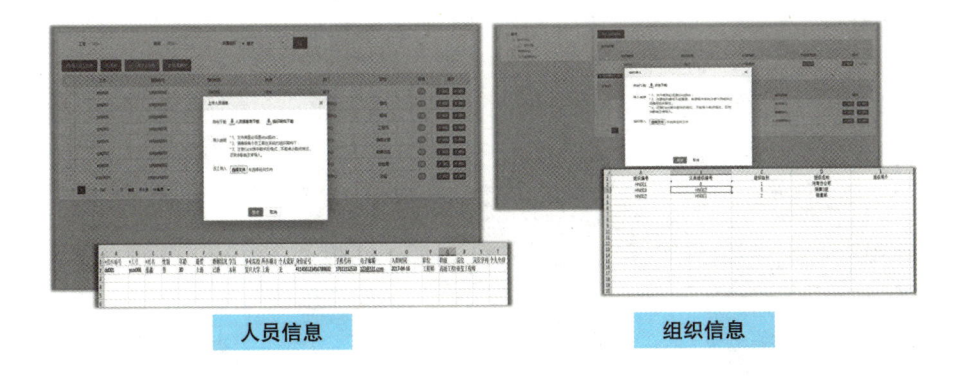

人员信息　　　　　　　　　　组织信息

图 12-5　T 集团数智化人才管理系统前期基础信息界面

系统设置好用户角色，并对角色权限进行设置；查阅及导出该平台下各个用户账号的操作日志，含时间、动作、描述和结果记录；管理员可依据系统操作手册进行操作（如图 12-6 所示）。

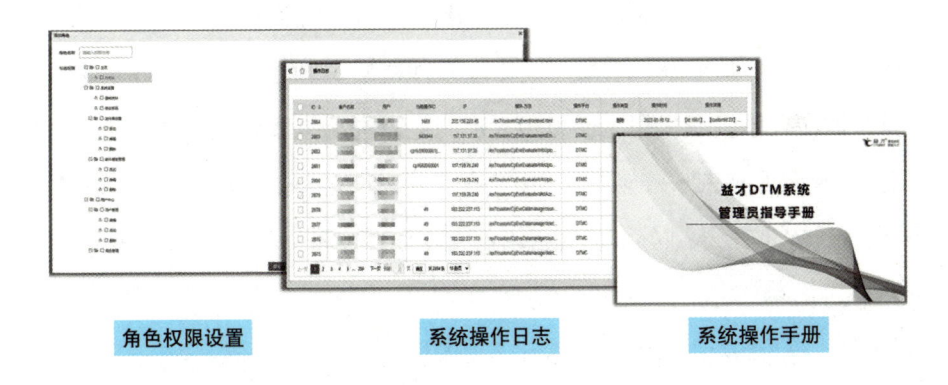

角色权限设置　　　　系统操作日志　　　　系统操作手册

图 12-6　T 集团数智化人才管理系统操作界面

步骤三：搭建标准体系

通过益才 Talent Profile@ 建模系统导入 T 集团已有的能力模型，对能力项进行自定义描述；并在原有模型基础上增减能力指标，管理员可以在指标库

201

内选择或自定义添加；优化后的模型可以进行自定义调整，并直接应用于评价系统或下载导出模型（如图 12-7 所示）。

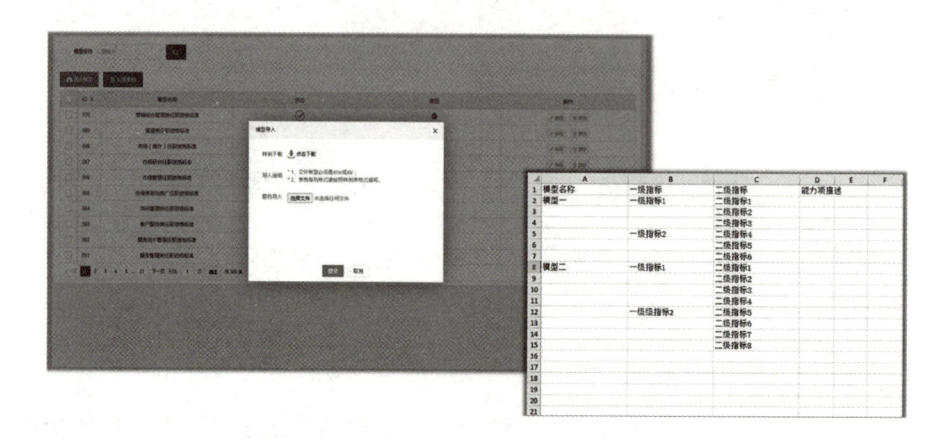

图 12-7　导入 T 集团已有的能力模型系统

T 集团以业务、团队、自驱三大维度八项核心能力构建中高层关键人才胜任素质模型。从业绩、能力、动力、个性特质及胜任力等多维度定义人才画像，提供人才发展依据，助力用人部门全盘通晓人才情况，用人所长，用人之智，充分发挥人才效应。除应用已有人才标准之外，后续可新增不同层级、序列、条线、岗位人才标准，完善内部人才标准体系（如图 12-8 所示）。

步骤四：搭建评价体系

结合 T 集团已有的人才评价数据基础，数智化评价体系分为：业绩评价、360 评价、素质测评。

1. 业绩评价

（1）业绩导入。关键人才业绩可通过导入或系统对接的方式，将数据导入系统，并对导入数据进行编辑、修改（如图 12-9 所示）。

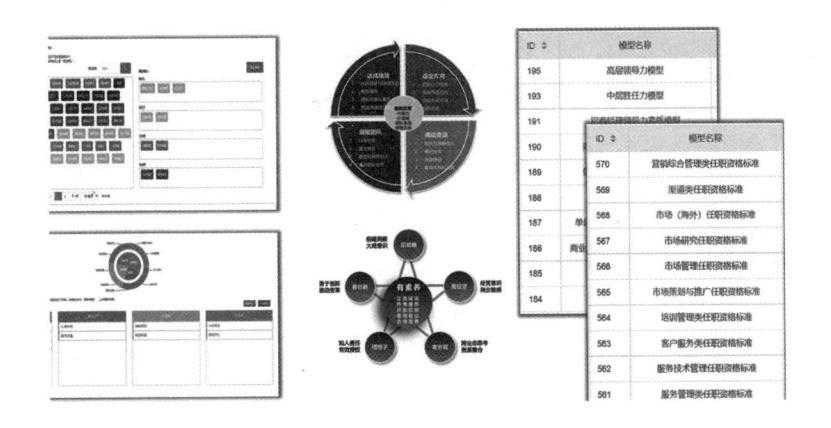

图 12-8　T 集团完善内部人才标准体系

图 12-9　T 集团数智化人才管理业绩导入

（2）业绩复盘。T 集团可灵活地针对特定阶段的业绩进行复盘，由系统管理员发起复盘活动，参与人员对人才业绩进行校准，最终可清晰显示被校准人员的业绩，业绩结果最终可与其他评价结果进行交叉分析（如图 12-10 所示）。

203

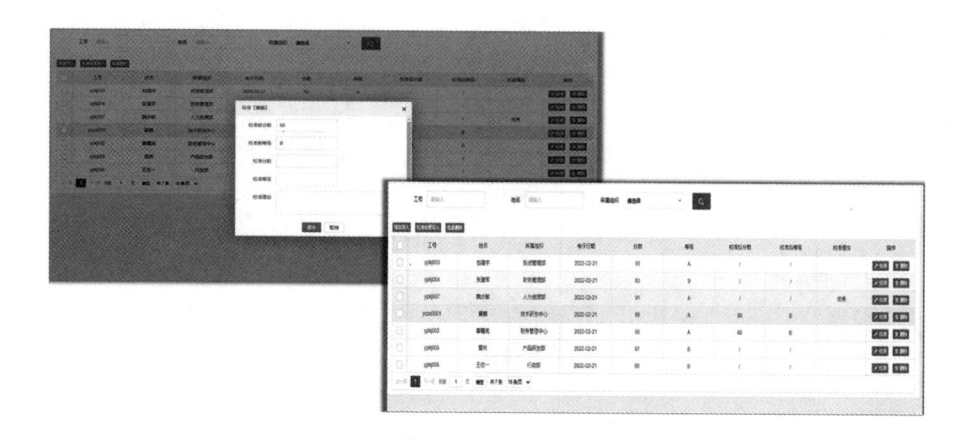

图 12-10　T 集团数智化人才管理业绩复盘

2.360 评价、素质测评导入和校准

系统可进行 360 评价、素质测评的发起和实施，同时针对线下 360 评估结果，可通过批量导入或系统对接抓取的方式导入系统，并进行数据校准（如图 12-11、12-12 所示）。

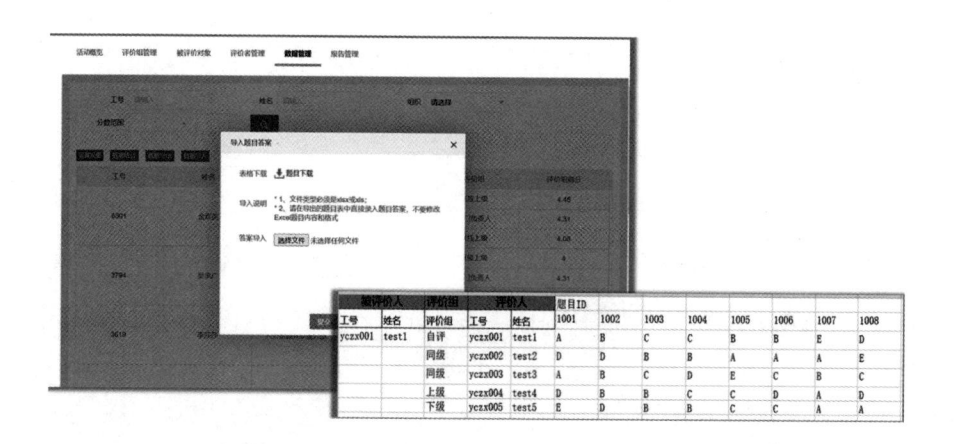

图 12-11　T 集团数智化人才管理 360 评估结果导入

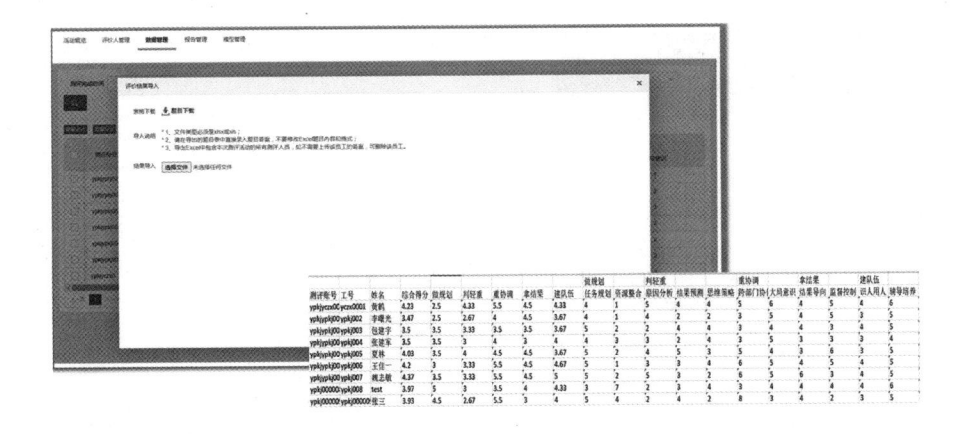

图12-12　T集团数智化人才管理素质测评导入

3. 盘点校准

T集团评价系统可以实现全流程的线上人才盘点，同时支持线下盘点数据导入、规则设置、线上校准会、校准结果导出，可对素质测评、360度评估、绩效数据进行校准（如图12-13所示）。

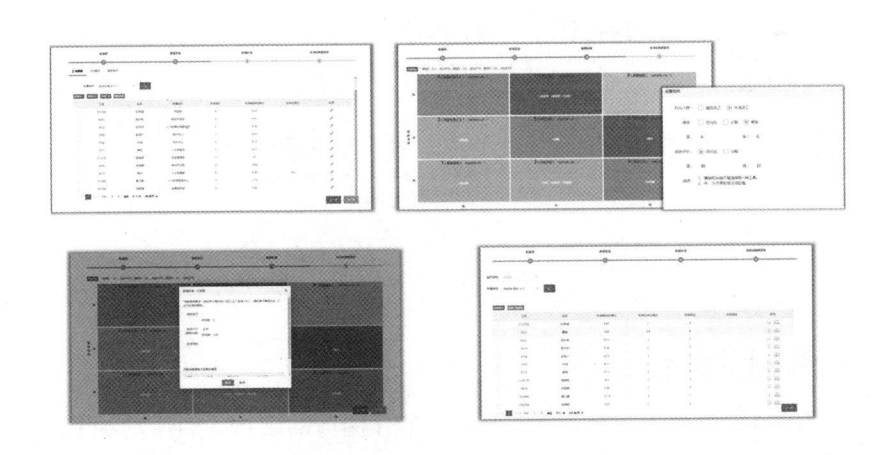

图12-13　T集团数智化人才管理盘点校准

依据盘点校准后的结果，输出个人报告界面（如图12-14所示）。

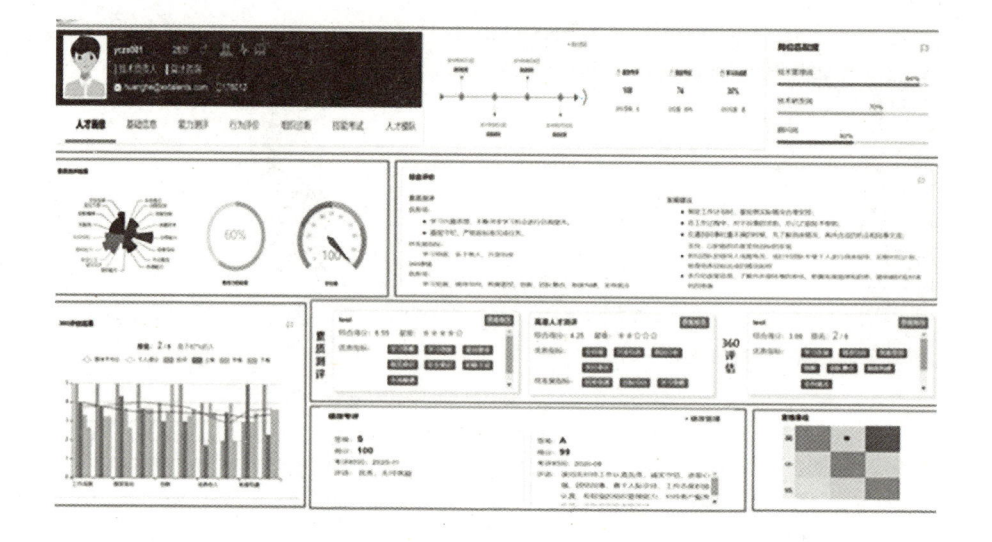

图 12-14　T 集团数智化人才管理个人报告界面

4. 继任计划

T 集团人才评价的典型应用是人才梯队的优化，继任计划是 T 集团的重点人才管理抓手。基于该背景，在系统内，继任计划的智能实现思路如下：选择需要发起继任规划的岗位后，选择需要查看的继任候选人，即可查看候选人档案，亦可进行人员之间的对比，并形成继任图谱，岗位包含 1～3 名后备干部，以及短期、中期、长期分类（如图 12-15 所示）。

步骤五：搭建发展体系

1. 确定发展计划

T 集团依据整体人才规划需求，结合继任图谱的现状，确定发展人群后，参考其素质测评报告，根据共性短板与关键差异交叉分析，确定目标发展能力项，制订发展计划，并对其进行编辑、修改等。同时可通过导入的方式，将线下发展计划导入系统（如图 12-16 所示）。

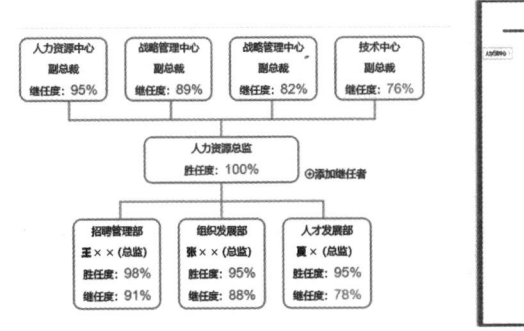

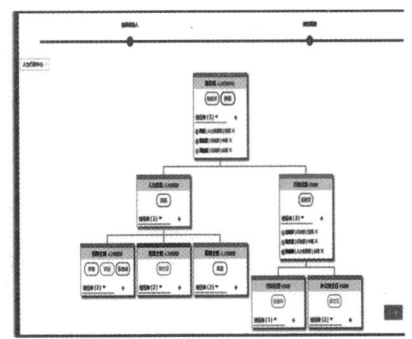

图 12-15　T 集团数智化人才管理继任计划

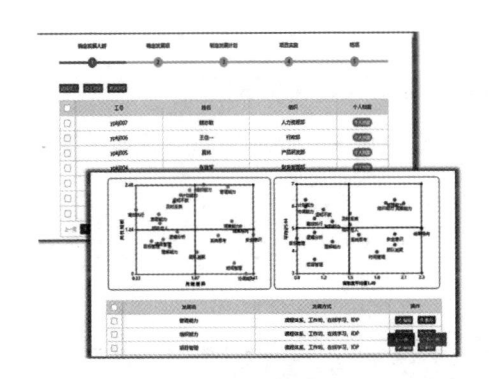

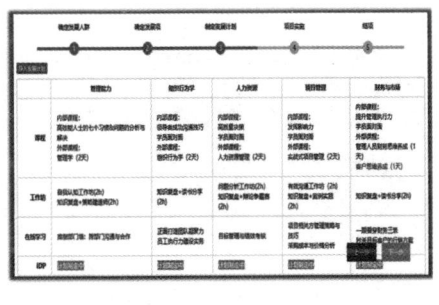

图 12-16　T 集团数智化人才管理线下发展计划导入系统

2. 追踪学习过程

制订计划后，可对课程内容、实践课题、在线学习、个人 IDP 定制等进度进行追踪管控；根据实际情况进行任务添加或删除，实时更新发展过程；查看任务实施进程以及评价结果；发展计划完成后会形成结项反馈，亦可导入结项成果，并对具体产出进行导出（如图 12-17 所示）。

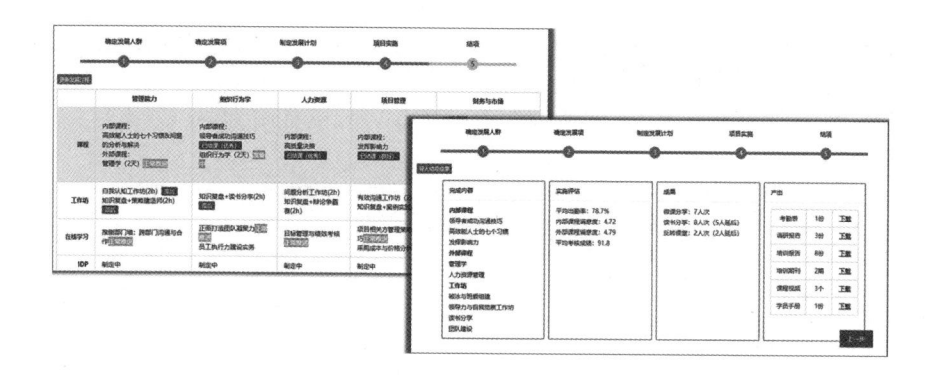

图 12-17　T 集团数智化人才管理追踪学习过程

3.动态看板管理

在整个发展任务进行过程中,员工可以通过 PC 端及手机端,查看自己的评估结果以及个人任务进展情况。员工上级也可对员工进行统一管理(如图 12-18 所示)。

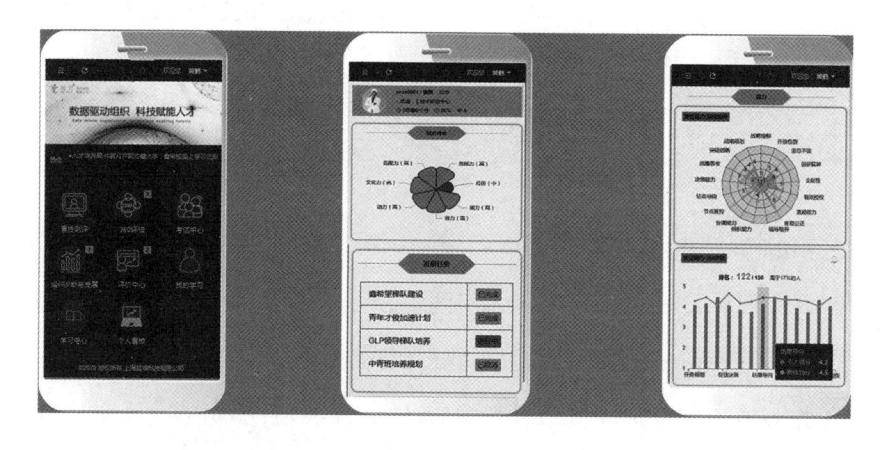

图 12-18　T 集团数智化人才管理动态看板管理

第 12 章
综合实践——以 T 集团为例

长期延展：数智化人才管理永远没有"完工"

数智化人才管理不仅是 HR 部门的常规工作，更是用人部门、集团高管、直接上级基于组织战略的"一盘棋"工程。T 集团建成数智化人才管理系统平台后，并没有"完工"，而是继续逐步优化，在"数据、操作、洞察、决策"四个方向敏捷迭代，逐步实现"更全面、更便捷、更透彻、更智能"的目标（如图 12-19 所示）。

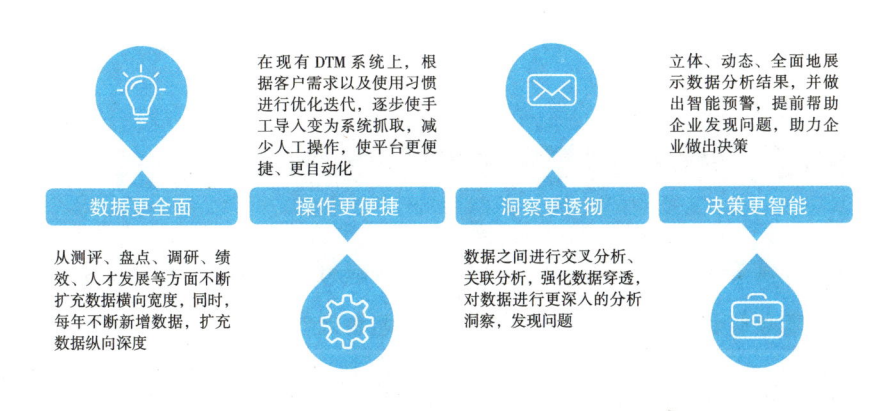

数据更全面
从测评、盘点、调研、绩效、人才发展等方面不断扩充数据横向宽度，同时，每年不断新增数据，扩充数据纵向深度

操作更便捷
在现有 DTM 系统上，根据客户需求以及使用习惯进行优化迭代，逐步使手工导入变为系统抓取，减少人工操作，使平台更便捷、更自动化

洞察更透彻
数据之间进行交叉分析、关联分析，强化数据穿透，对数据进行更深入的分析洞察，发现问题

决策更智能
立体、动态、全面地展示数据分析结果，并做出智能预警，提前帮助企业发现问题，助力企业做出决策

图 12-19　T 集团数智化人才管理长期延展

作为项目实施方，我们在数智化人才管理平台搭建实施期间，将对项目方 HR 团队、业务高管及相关人群从"人才管理技术"及"系统操作"两个方面进行培训赋能，提升企业数智化人才管理综合水平，并形成操作手册，保证后续正常操作及落地成效（如图 12-20 所示）。

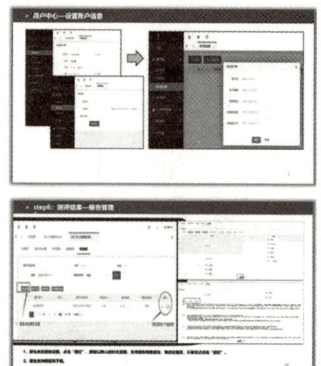

图 12-20　益才数智化人才管理操作手册

说到这里，让我们回到本章开篇的两个关键问题：

- 实现数智化人才管理，企业需要具备哪些前期条件？
- 实现数智化人才管理，企业具体应该怎么做？

基于这两个关键问题的思考探索或许比标准答案更为重要，希望借由T集团数智化人才管理平台搭建的综合实践，我们尤其需要注意项目的整体逻辑，以及"整体着眼、分步实施、长期延展"十二字方针，给到大家一些启发，推动自身企业数智化人才管理的深入发展。